直达关键节点的步骤清单

要领工作法

[日]
福地翔太
高梨健太郎
著

中国青年出版社
CHINA YOUTH PRESS
中青文传媒

图书在版编目（CIP）数据

要领工作法：直达关键节点的步骤清单 /（日）福地翔太，（日）高梨健太郎著；李凌洁译.
—北京：中国青年出版社，2021.8
ISBN 978-7-5153-6462-9
Ⅰ.①要… Ⅱ.①福… ②高… ③李… Ⅲ.①工作方法—通俗读物 Ⅳ.①B026-49
中国版本图书馆 CIP 数据核字（2021）第137011号

要领工作法：直达关键节点的步骤清单

作　　者：〔日〕福地翔太　高梨健太郎
译　　者：李凌洁
策划编辑：刘　吉
责任编辑：肖　佳
美术编辑：杜雨萃
出　　版：中国青年出版社
发　　行：北京中青文文化传媒有限公司
电　　话：010-65511270 / 65516873
公司网址：www.cyb.com.cn
购书网址：zqwts.tmall.com
印　　刷：大厂回族自治县益利印刷有限公司
版　　次：2021年8月第1版
印　　次：2021年8月第1次印刷
开　　本：880 × 1230　　1 / 32
字　　数：120千字
印　　张：7
京权图字：01-2021-0185
书　　号：ISBN 978-7-5153-6462-9
定　　价：49.90元

序言一

大家好，我的名字叫高梨健太郎，是东京某制造业公司的员工。我想，拿起这本书的你应该或多或少在工作中遇到了麻烦。而这本书正是写给拥有以下烦恼的人的。

- **拖延**成性，为日后的工作埋下隐患。
- 面对棘手的工作只会一味呻吟，白白**浪费了宝贵的时间**。
- **漏洞**百出。
- 会把一点**小错看得很严重**，或是会把他人的错归咎于自己。
- **做事不专注**，最终没有哪个工作是善始善终的。
- 无论怎么收拾，办公桌面和电脑桌面依然**凌乱不堪**。
- 现在，正在停职休假，或者想要跳槽却**对下一份工作充满了不安**。
- 家人、上司、部下也有同样的烦恼（似乎有）。

除了最后那条，其他都是我曾经历过的烦恼。如果你也有同样的烦恼，哪怕只有一条，那么我俩就是同道中人。欢迎你来到自以为不得要领的人的世界！

你肯定会觉得"哪有你说得这么轻松！"是的，我当然知道为此而烦恼的本人每天都在如履薄冰，**生怕一犯错就会失去自己的容身**

之地。

可是如果你对我的过去深有同感，那么我想告诉你的是，那些烦恼是可以通过改变做事方式来弥补的。

十几年前我被确诊为注意力缺陷多动障碍（ADHD）。而上面的那些烦恼和我这个病多少是有点关系的。另外，我觉得有很多人虽然不是ADHD患者，却也会为同样的事情而烦恼。

本书旨在给大家分享一些**不必改变自己便能消除工作恐惧的“做事方法”**。重要的是“做事方法”，而不是“毅力”或“思想准备”（我并不否认毅力和思想准备的重要性，但在那之前必须掌握正确的做事方法）。

一直以来我都是在失败中跌跌撞撞。

20多岁埋头备考司法书士[①]，结果名落孙山。

后来去司法书士事务所和房地产公司兼职，虽然是我主动辞的职，但其实相当于被开除。

即使好容易找到了固定工作，也因害怕出错而整日提心吊胆，每

① 受人委托，办理各种登记手续，写成文书材料上交到裁判所、检察厅的人。司法书士主要办理与财产、商业相关的民事事务，比如不动产登记、社团设立登记、代理简易裁判诉讼等。——编者注

天一看到上司皱眉心就会揪成一团，果然，这种状态下的我并没有能够顺利开展工作，于是在“为什么自己不行呢”的不断自责中选择了停职（而且还停了2次）。

可就是那样的一个我，现在却能在公司安下心来工作了。其实，**我的那些病症依然都在，改变的只是工作方法而已**。

正当我将自己的工作方法分享出来，希望能帮到其他人时，我认识了本书的共同作者福地翔太先生，于是我俩将这种分享策划成了定期举行的活动。

这本书主要是我和福地翔太先生联手举办的分享活动——“专为自以为不得工作要领的人准备的工作技巧”上讲过的内容。

不敢说“只要读了这本书你就能在工作上大显身手”“有了这本书谁都能直奔成功”!但是，如果你和过去的我有着相同的烦恼，那么这本书至少能**让你每天在公司里安心工作**。

这本书每一节的篇幅都是1~2页，你可以从头逐个实践，也可以从中挑选自己感兴趣的内容。我相信，里面所有的内容都能对你的工作有所帮助。

如果你能根据自己的实际情况来灵活应用书中所介绍的内容，那么，作为本书的作者，我真的是荣幸至极。

高梨健太郎

序言二

大家好，我的名字叫福地翔太。我运营着两个推特账号，一个叫“灵感笔记”（@shh7，粉丝约26万人），另一个叫“F太”（@fta7，粉丝约11万人）。

我的生存方式在日本比较少见。明明不是艺人或名人，却靠着推特上众多粉丝的支持而获得了收入。

在这里，非常感谢你能拿起这本《专为自以为不得要领的人准备的工作技巧图鉴》。首先我想在这本书里谈谈**“工作不得要领”这个“自我误解”**。

到目前为止，我一直觉得自己是“不得要领”的。我这个人缺乏行动力。找工作时，因为不知道自己想做什么而无法写应聘申请表，于是每天能做的只有自我分析。

最终，我成了找工作大军中的一个逃兵。接下来，我转战难度很高的国家资格考试，并且为了考取公认会计师资格证而连续备考了两年，但最终还是落榜了。

可是不工作就没法生活，于是我去了呼叫中心打工。

研修结束后开始正式上岗。可当我接起电话时大脑却是一片空白，完全听不懂客户在说什么。说不出话的我只好请上司帮忙回复，之后我收到了**“福地翔太工作不得要领……”**的评价，3个月后就被解雇了，研修时所学的知识也完全没派上用场。

之后我去了另一家电话中心。工作内容和被炒鱿鱼的那家公司完全一样，而且我又遇到了与之前同样的状况：一接电话大脑就“死机”。

但是这边的上司并没有帮我处理，而是给了我很多建议。原本熟手10分钟就能解决的事情，我却花了3个小时。

虽然我接电话非常糟糕，但是随着经验的积累，我逐渐适应了，成绩也不断地在提高。在不知不觉中大家开始对我大加赞赏：“福地翔太，你太能干了！”

明明工作内容完全一样，获得的却是截然不同的评价，我在高兴的同时也会感到害怕。我的顺风顺水会不会只是因为碰巧遇到了合得来的上司……毕竟这两家公司只有“上司”不同而已。

这两次工作经历带给我的切身感悟是：能干与否取决于周围人对你的评价，是主观易变的。“不得要领”也是周围人灌输给你的自我认知。

这两家公司还有一个不同之处。在第一家公司时，我内心充满了恐惧，只求不要惹上司或客户生气就好，每天都过得提心吊胆。而在第二家公司时，我变得可以从容应对所有工作。

于是，我对职场的认知悄然发生了改变：

“选择职场就如同抽签。没抽中的话那就再抽一次。”

如果你对现在的工作深感不安，那么我希望你能知道：

“笨手笨脚”不过是你自己认为。

干得不开心，随时都可以辞职。

最后，希望这本书能让你敢于“坚持做自己”，坚信“此处不留爷，自有留爷处”。

福地翔太

CONTENTS

序言一
序言二

第 1 章 写给自以为不得要领的人：工作的基本 ……017

工作的基本 | STEP 1 给工作标上名字 ……022
工作的基本 | STEP 2 写任务步骤 ……024
工作的基本 | STEP 3 明确“由谁来做” ……026
工作的基本 | STEP 4 给每项任务和每个步骤定一个临时的截止日期 ……028
工作的基本 | STEP 5 只关注第一步 ……030

第 2 章 不擅长做计划 ……033

2—0：为什么不能有条不紊地开展工作 ……034
2—1：要做的事情太多，没时间做计划
▶ 学会说 NO ……036
2—2：总之就是不擅长做计划 ①
▶ 之所以没有计划好，是因为没有做完步骤清单 ……037
2—3：总之就是不擅长做计划 ②
▶ 把工作细分到极致 ……038
2—4：明明做的是同样的工作，但每次都会出问题
▶ 先写下步骤，然后严格按步骤反复操作 ……040
2—5：很难守时
▶ 用“暂定的截止日期”来培养时间观念 ……042
2—6：害怕被问到工作进展
▶ 做好步骤清单，以备临时突击 ……044
2—7：一遇到紧急工作就会不知所措
▶ 勇敢地清空自己的行程 ……046
2—8：一听到“尽量快点”就会着急焦虑
▶ 只要按自己的节奏“尽量快一点”就可以了 ……048
2—9：工作瞬间堆积如山
▶ 要立即处理掉“2 分钟就能做完的工作” ……050
2—10：迟迟进入不了工作状态
▶ 步骤清单会推着你往前走 ……052

2—11：容易积压工作
▶工作基本上是"接球传球"……054

2—12：不擅长做组织工作
▶按"人—物"的顺序来决定……056

专栏：高梨健太郎的失败谈——看房……058

第3章 搞不清楚优先顺序……059

3—0：为什么无法排出优先顺序……060

3—1：不知该如何安排优先顺序
▶先定下应该优先的"人"的顺序……062

3—2：不知该如何安排优先顺序
▶先排好日程表，弄清楚自己的空闲时间……064

3—3：优先顺序排得乱七八糟
▶克制住想要一次性完成多项任务的心情……066

3—4：排优先顺序时犹豫不定
▶如果在"截止日期"和"工作品质"上举棋不定，你只能顾全其中一个，请优先考虑截止日期……068

3—5：所有工作都成了最优先任务
▶决定好不做的事情和做不到的事情……070

专栏：高梨健太郎的失败谈——不敢向左转……072

第4章 最终还是拖延了……073

4—0：为什么会拖延……074

4—1：明明想把它做完，却迟迟无法开始
▶不要只想着将它做完……076

4—2：拖着不想写总结
▶当场进行确认……078

4—3：拖延了一段时间后，才发现已经来不及了
▶工作要一点点地做……080

4—4：小工作容易被搁置
▶ 把小工作加到大工作里……082
4—5：遇到什么做什么
▶ 理直气壮地把不急的工作放在后面做……084
4—6：工作无从下手
▶ 故意留下一点工作……085
专栏：高梨健太郎的失败谈——冰咖啡……086

第5章 总是粗心大意、健忘……087

5—0：为什么总是粗心大意、健忘……088
5—1：健忘
▶ 把记忆交给电子设备……090
5—2：因失误太多而沮丧
▶ 正因为有失误才做出了最好的步骤清单……092
5—3：错字、漏字多
▶ 朗诵全文……094
5—4：输入错误
▶ 使用字典登录功能……096
5—5：记不住别人的名字和长相
▶ 通过“做笔记”“取绰号”“准备备案”的方式，克服所有困难……098
5—6：弄错了日期和时间
▶ 只相信一手信息……100
5—7：总是丢三落四
▶ 要提醒自己但不要自我打击……102
专栏：福地翔太的失败谈——黑历史之单词本……104

第6章 无法专注……105

6—0：为什么无法专注……106

6—1：无法专注 ①

▸ 弄清现状，拥有掌控感……108

6—2：无法专注 ②

▸ 制定流程，轻松应对……110

6—3：爱管闲事

▸ 现在我的眼里只有你（工作）……112

6—4：容易受到噪声干扰

▸ 试着改变环境……114

6—5：想让专注力持久

▸ 试着实况转播自己的一举一动……116

6—6：什么时候能专注

▸ 弄清楚易于专注的时间段……118

6—7：因过度专注而疲惫不堪

▸ 构建防止过度专注的强制性机制……120

专栏：高梨健太郎的失败谈——出租车……122

第7章 不擅长整理……123

7—0：为什么不擅长整理……124

7—1：认为自己不擅长整理的意识太强

▸ 在整理物品之前先整理思绪……126

7—2：一想到收拾就头大

▸ 制造紧张感……128

7—3：包里永远乱七八糟

▸ 当一个“包包检察官”……130

7—4：不擅长给文件和数据分类

▸ 有效利用“其他”……132

7—5：仔细一看才发现到处乱糟糟

▸ 添一个“收好·关闭”的步骤……134

7—6：舍不得扔东西

▸ 制定扔东西的标准……136

专栏：高梨健太郎的失败谈——文件山……138

第 8 章 不擅长沟通 ……139
8—0：为什么不擅长沟通 ……140
8—1：不知何为“心照不宣的事”
▶ 不知道也没关系 ……142
8—2：被指出“不知道你在说什么”
▶ 拟定标准化开场白 ……144
8—3：说话没有条理
▶ 请参照判决书来说话 ……146
8—4：给人以消极的印象
▶ 把表达认同的词语“当成口头禅” ……148
8—5：误解别人的意思
▶ 尽量不用“这个 / 那个 / 哪个” ……150
8—6：无法拉近职场的距离感
▶ 汇报工作进展能拉近彼此的距离 ……152
8—7：不擅长聊天
▶ 把聊天的形式换成提问 ……154
8—8：会议结束后不知该做什么
▶ 在会议的最后把工作分配好 ……156
8—9：话太多
▶ 用“是”或“不是”作答 ……157
8—10：不擅长求助于人
▶ 先取悦对方 ……158
8—11：不擅长接电话
▶ 首先要专注于“听” ……160
8—12：电话失误多
▶ 准备好剧本 ……162
8—13：接到投诉电话时整个人都蒙掉了
▶ 静等对方情绪平复下来 ……164
专栏：福地翔太的失败谈——自卑 ……166

第9章 内心脆弱 ······167

9—0：为什么内心容易受伤 ······168

9—1：总觉得身体不舒服

▶聆听身体的声音 ······170

9—2：自以为办了件好事，结果却被对方否定了

▶在工作中要有“送礼物”的意识 ······171

9—3：一听到与自己有关的传言，就会情绪低落

▶不把“传言”放在心上 ······172

9—4：别人挨骂时，自己也跟着难受

▶把别人挨骂当成运动题材的电视剧来看 ······174

9—5：当众被骂时，自尊心会受伤

▶请保护好你的自尊心 ······176

9—6：因得不到预期的结果而痛苦

▶请练习表扬自己 ······178

9—7：受到了不公平对待

▶把它看成是“情况使然” ······180

9—8：苛责会让人备受打击

▶既要保持距离又要笑脸相待 ······181

9—9：受到排挤

▶去别处寻找自己的容身之地 ······182

9—10：不想挨骂

▶提出“不挨骂”的交换条件 ······184

9—11：一遇到问题就惶恐焦虑

▶通过念“太刺激了！”这句咒语，让一切恢复常态 ······186

9—12：总是担心工作，不能安心休息

▶制定好步骤清单并把它放在公司，然后轻装回家 ······188

9—13：在意别人的看法

▶请把精力放在完成工作上 ······190

专栏：福地翔太的失败谈——神秘感 ······192

第10章 不擅长做笔记、写邮件 ······193

10—0：为什么不擅长做笔记、写邮件 ······194

10—1：不知该怎么做笔记

▶ 准备好笔记模板 ······196

10—2：看不懂自己做的笔记

▶ 趁热打铁，赶紧把笔记誊写到合适的地方 ······198

10—3：来不及做笔记

▶ 毫不客气地重新问一下“结论”“理由”“事例” ······200

10—4：很难边接电话边做笔记

▶ 请学会“不好意思”这句咒语吧 ······202

10—5：邮件迟迟发送不出去

▶ 分为“写”“编辑”“发送”三部曲 ······204

10—6：被对方指出邮件不知所云

▶ 姑且先把内容分条写出来 ······206

10—7：收不到邮件回复

▶ 请参考“牛肉还是鸡肉？” ······208

10—8：发出的邮件没人看

▶ 用邮件标题来预告邮件内容 ······210

10—9：注意不到邮件里的错字、漏字

▶ 撒手锏：“标顿号阅读”“复制粘贴”“请别人检查” ······212

10—10：需要花很多时间来写邮件

▶ 约好彼此都去掉礼貌问候语 ······214

后记一 ······216

后记二 ······218

CHAPTER 1

第 1 章

写给自以为不得要领的人：工作的基本

嘿，那就开始今天的工作吧。
……
等等，
勇者正在学习工作的基本。 ▼

说是“工作技巧”，但对于我们这些自以为不得要领的人来说，我们要的并不是让自己具有压倒性优势，在工作中脱颖而出。

而是能够自然地工作，平静地生活。能心安理得地认为“自己是有资格待在这里的”。

这就是本书的出发点。

仔细想来，好像并没有谁教过我们正确的工作技巧。
那么，工作开展得不顺利不也是理所当然的事情嘛。

在这一章里，我们会根据自身经验来说说“为推进工作所需掌握的基础知识”。

如果要用一句话来表达，那就是“制作步骤清单”。

日常工作、第一件工作、别人托付的工作、简单的工作、复杂的工作、营业方面的工作、事务方面的工作、创造性的工作、小工作、大工作，等等。

无论什么工作，都要制作步骤清单，这是最基本的。

步骤清单的制作分为5步。内容非常简单。

因为过于简单，以至于你会觉得“这不是理所当然的吗”“这些我都知道了”。

但是，姑且请先把这个基础工作做好。在这里你应该会有新的发现。

请设想一下工作开始后的“大脑内部”。会不会有这样的情形？

那个必须得做。

这个必须得做。

快把那件事处理了。

……哦？哪件事？

呀，刚刚打算做什么来着？

想起来了！

正准备做报价单。

还有发表用的资料。

我还得提交周报呢。

话说，我究竟该从何下手？

核实报价单资料

和上司商量

还得确认提交时间

如果不在提案的草稿上加上这周的业绩的话……

大脑快被塞爆了，真不知道该从何处下手……

该做的事情乱成了一团，每次选择下一个任务时都像是在寻找威利[①]。你是不是也是这样一种状态？

从下一页起，我们会向您介绍能让自己沉下心来开展工作的步骤清单的制作方法（5步）。

① 《威利在哪里》里的威利。《威利在哪里》是一套由英国插画家马丁·汉德福特（Martin Handford）创作的儿童书籍。这本书的目标就是在一张人山人海的图片中找出一个特定人物。——译者注

给工作标上名字

我们应该抓住脑海中突然浮现出的“必须要做的事”，并用具体的语言将它表达出来。

如果浮现的是“田中商店……报价……”，那就写“给田中商店发送报价单”；如果想起了“部长让我提交周报”，那就写“向部长提交周报”。这就是“任务”。

如果不把“必须要做的事”用具体的语言表达出来，那么你的不安和紧张就一直不会消失。

因为它们若有若无的状态，并没有太强的存在感，所以也可能完全被忽略掉。

因此，请给突然浮现在脑海中的那些“必须要做的事”标上名字，并把它们当作任务写下来。

只要做好这一步，安全感便会油然而生。

田中商店……
报价单……

任务

给田中商店发送报价单

他们好像
要我……
发表……？

任务

制作、提交发表资料

采访稿……
要撰写
采访稿……

任务

撰写公司官网
上的采访稿

周报的提交
期限是周末……
对吧？

任务

向部长提交周报

写任务步骤

在把标好名字的工作作为“任务”写下来后，下一步要做的就是写步骤。

每个任务一定会有执行步骤，请把这些步骤写出来。

不知道正确步骤?

没关系。
只要将自己的内心所想写下来就足够了。
一旦错了，再及时修改。

不必担心写的步骤会不会太多，抑或是会不会太少。
总之，请按自己的方式制定一个将其“完成”的流程。

写着写着你就能把握住工作的全貌。

任务

给田中商店发送报价单

【步骤】

☐ 向材料部确认产品价格
☐ 材料部回复
☐ 制作报价方案
☐ 请上司审批报价内容
☐ 上司的回复
☐ 制作、发送报价单

任务

制作、提交发表资料

【步骤】

☐ 写好底稿
☐ 请上司检查
☐ 上司回复检查结果
☐ 请同事检查设计方案
☐ 同事回复检查结果
☐ 把资料提交给上司

任务

撰写公司官网上的采访稿

【步骤】

☐ 发送采访邀请邮件
☐ 收到接受采访的回复
☐ 进行采访
☐ 撰写文章
☐ 请采访对象检查
☐ 采访对象回复检查结果
☐ 将采访稿上传到官网

任务

向部长提交周报

【步骤】

☐ 请成员提交本周业绩
☐ 成员提交业绩
☐ 将业绩输入电脑
☐ 请成员检查
☐ 成员回复检查结果
☐ 提交给部长

明确“由谁来做”

写好步骤，接下来需要明确的是“每个步骤由谁来做”。

仅凭一个人的力量是完不成工作的。

工作靠的是团队协作，只有把球传给别人才能往前走。

请明确“每个步骤的负责人（谁的球）”。

弄清楚现在是自己负责的阶段（自己的球），还是别人负责的阶段（别人的球）。

只要把这些区分清楚，

就能更加明确地知道哪些是自己该做的。

而且还能让你及时发现——原来自己正在做的好几个任务其实都是别人的工作。

下一页里各步骤书中的黑色字体是自己的球，彩色字体是别人的球。

任务

给田中商店发送报价单

【步骤】

- ☐ 向材料部确认产品价格
- ☐ 材料部回复
- ☐ 制作报价方案
- ☐ 请上司审批报价内容
- ☐ 上司回复
- ☐ 制作、发送报价单

任务

制作、提交发表资料

【步骤】

- ☐ 写好底稿
- ☐ 请上司检查
- ☐ 上司回复检查结果
- ☐ 请同事检查设计方案
- ☐ 同事回复检查结果
- ☐ 把资料提交给上司

任务

撰写公司官网上的采访稿

【步骤】

- ☐ 发送采访邀请邮件
- ☐ 收到接受采访的回复
- ☐ 进行采访
- ☐ 撰写文章
- ☐ 请采访对象检查
- ☐ 采访对象回复检查结果
- ☐ 将采访稿上传到官网

任务

向部长提交周报

【步骤】

- ☐ 请成员提交本周业绩
- ☐ 成员提交业绩
- ☐ 将业绩输入电脑
- ☐ 请成员检查
- ☐ 成员回复检查结果
- ☐ 提交给部长

给每项任务和每个步骤定一个临时的截止日期

接下来请写上截止日期。

不仅是整个任务的截止日期，
每个步骤的截止日期也要写上。

是不是觉得挺麻烦的？
但是，只要现在做好了这一步，
接下来你会轻松很多。

其实只要写上你自己设定的日期和时间就可以了。
你不妨先写一个试试，
当你觉得“这一天不方便委托”，
“好像能早一点提交”，
那么当下改一下截止日期就可以了。

反复这样做正是成为一个“守时的人”的捷径。

5/15

任务

给田中商店发送报价单

【步骤】

- ☐ 5/11 向材料部确认产品价格
- ☐ 5/12 材料部回复
- ☐ 5/12 制作报价方案
- ☐ 5/13 请上司审批报价内容
- ☐ 5/15 上司回复
- ☐ 5/15 制作、发送报价单

5/25

任务

制作、提交发表资料

【步骤】

- ☐ 5/18 写好底稿
- ☐ 5/18 请上司检查
- ☐ 5/20 上司回复检查结果
- ☐ 5/22 请同事检查设计方案
- ☐ 5/25 同事回复检查结果
- ☐ 5/25 把资料提交给上司

5/29

任务

撰写公司官网上的采访稿

【步骤】

- ☐ 5/12 发送采访邀请邮件
- ☐ 5/15 收到接受采访的回复
- ☐ 5/20 进行采访
- ☐ 5/25 撰写文章
- ☐ 5/25 请采访对象检查
- ☐ 5/29 采访对象回复检查结果
- ☐ 5/29 将采访稿上传到官网

5/16

任务

向部长提交周报

【步骤】

- ☐ 5/11 请成员提交本周业绩
- ☐ 5/15 成员提交业绩
- ☐ 5/15 将业绩输入电脑
- ☐ 5/15 请成员检查
- ☐ 5/16 成员回复检查结果
- ☐ 5/16 提交给部长

只关注第一步

做完以上步骤，我们终于来到了最后一步。请“只让第一步”可见。

虽然所有步骤一字排开的场面会很壮观，但步骤多了眼睛会看不过来。

而且还会让我们倍感压力，“天哪，竟然有这么多事要做……”

因此，我们要做的不是回避它们，而是要把它们藏起来，只让第一步可见。

譬如，把第一步写在备忘录或便签纸上，或者打在电脑显示屏上。

这样一来，十几个该做的步骤只剩下4个。

于是“现在该做什么”“下一步该做什么”也就变得一目了然了。

步骤清单就这样大功告成，同时也意味着我们的准备工作已经做好了。

5/15

任务

给田中商店发送报价单

【步骤】

- ☐ 5/11 向材料部确认产品价格
- ☐ 5/12 材料部回复
- ☐ 5/12 制作报价方案
- ☐ 5/13 请上司审批报价内容
- ☐ 5/15 上司回复
- ☐ 5/15 制作、发送报价单

5/25

任务

制作、提交发表资料

【步骤】

- ☐ 5/18 写好底稿
- ☐ 5/18 请上司检查
- ☐ 5/20 上司回复检查结果
- ☐ 5/22 请同事检查设计方案
- ☐ 5/25 同事回复检查结果
- ☐ 5/25 把资料提交给上司

5/29

任务

撰写公司官网上的采访稿

【步骤】

- ☐ 5/12 发送采访邀请邮件
- ☐ 5/15 收到接受采访的回复
- ☐ 5/20 进行采访
- ☐ 5/25 撰写文章
- ☐ 5/25 请采访对象检查
- ☐ 5/29 采访对象回复检查结果
- ☐ 5/29 将采访稿上传到官网

5/16

任务

向部长提交周报

【步骤】

- ☐ 5/11 请成员提交本周业绩
- ☐ 5/15 成员提交业绩
- ☐ 5/15 将业绩输入电脑
- ☐ 5/15 请成员检查
- ☐ 5/16 成员回复检查结果
- ☐ 5/16 提交给部长

如果你感觉到工作进展得不太顺利，那就请回到“制作步骤清单”这一步。

① 给工作标上名字
② 写任务步骤
③ 明确“由谁来做”
④ 给每项任务和每个步骤定一个临时的截止日期
⑤ 只关注第一步

这就是所有工作的基本。

为了让自己能带着自信上班，干劲十足地下班，请你一定要试试看。

从第2章开始，我们会针对不同烦恼介绍更为具体的工作技巧和启发。

CHAPTER 2

第 2 章

不擅长做计划

那都是计划小鬼在作怪

……

勇者迷茫地停下了脚步。 ▼

2-0

为什么不能有条不紊地开展工作

你公司有没有“工作干得很出色的人”？

工作效率高但绝不草率；电脑操作娴熟，做销售时简明扼要。总之，人家的工作状态就是特别赏心悦目……

而那样的状态是工作不得要领的自己模仿不了的……但是，就这样轻易地放弃未免为时过早。

请设想一下开车时的情形（自行车也行）。

为了考到驾照，我们要记住各类交通标志的含义，要练习驾驶技术，刚开始特别费脑筋。但是等拿到了驾照，又开了一段时间的车之后，我们便可以边开车边听音乐、广播，或者和别人聊天，甚至还能悠闲地考虑一下晚餐吃什么好。

而且一旦学会了，即使一段时间不开也忘不了。因为只要坐上驾驶座，所有的身体记忆就会随之被唤醒。

其实，无论是你还是我（@福地翔太），都会在工作和生活中用到“身体记忆”。

比如，一上班就开电脑查邮件……像这种流程式的工作，即使在早上发蒙的状态下也能完成。

不过，既然有自然而然就能掌握的工作，那就也会有无论如何都记不住的工作。明明已经做过很多次，却还是会犯迷糊：**“咦？下一步要做什么来着？”这足以证明你没有记清楚步骤**。因为一直以来你都在无计划地开展着工作。

一边想着“该做什么来着”，一边开展工作，这样的状态不仅会给自己带来压力，更重要的是还浪费了宝贵的时间。

能解决“不知接下来该做什么”的办法就是第1章里介绍的“制作步骤清单”。**步骤清单正是消除不会做计划这个烦恼的第一步**。

无论什么工作，都要先制作步骤清单，然后按照上面的顺序来开展每次的工作。

这样做会让工作顺利展开，你也就不必再愣在原地冥思苦想“下一步该做什么来着”。要想让身体记住工作，最重要的就是每次都要按同样的步骤流畅地开展工作。

我们会在这一章讲道“能让工作形成良性循环的步骤清单的制作方法”“高效率地安排工作的诀窍”等。

2-1

要做的事情太多，没时间做计划

学会说NO

每当听到“你的工作太多了，你要有‘拒绝的勇气’”这样的建议时，胆小的我（@福地翔太）就会禁不住感慨：“我要是能有那样的勇气就不会这么辛苦了……”

但是，即使是那么没有勇气的我**现在也敢把“不”说出口了。我想这都是从我做步骤清单开始的**。

比如，如果有一天突然被要求“从今天开始，请每天加6个小时的班”，那么我就会说：“这个我可是真的做不到！”

是的，“正常情况下做不完”！——只要能这么想，即使没有勇气也照样能拒绝。

如果是一个鼓鼓囊囊的包，那么一眼就能看出“它已经装不下任何东西”。但是工作量却并没有那么一目了然，所以也就很难说出“我已经做不过来了”这样的话。

但是，步骤清单却能将工作的“真正分量”可视化，让我们对工作有一个具体的印象。这样就能理直气壮地说出：“我的工作已经满了，实在没办法再接别的工作了。”

重点

知道工作的真正分量。

2-2

总之就是不擅长做计划 ①

之所以没有计划好，是因为没有做完步骤清单

当工作进展得不顺利，或是进展没能如期所愿时，请在责备自己之前先告诉自己——**这是因为工作的步骤清单没有完成造成的**。

工作的步骤清单（参照第1章）就像是一道启动自己的程序。如果程序已经设定好，那么剩下的只需冷静执行就可以了。

以电脑为例。电脑一运行精度低的程序就会出现运行错误，于是我们会根据所出现的错误重新编排程序。但是，这一切并不是那台运行程序的电脑的错。

那么工作呢？如果不做步骤清单就开始工作，一旦遇到问题我们就会习惯性地责怪自己："都怪自己没安排好……"并且还搞不清楚最重要的一点——错误产生的原因。

因此，请试着写出工作的步骤=程序。这样你就能从"自己能力或努力不够"的魔咒束缚中解脱出来。同时，也能一边看着步骤清单一边冷静地思考这次错误产生的原因。

重点

不是自己的错。

2-3

总之就是不擅长做计划 ②

把工作细分到极致

前面我说过“要想有条不紊地开展工作，步骤清单是关键”。那么应该就会有人想问了：“你说的这个步骤清单具体应该如何来写呢？”

关键是把一项工作细分到极致，这样就能写出步骤清单。我在这里介绍几个一定要将步骤细分的例子。

1. 确认

之前 向部长确认邮件文案

▼

之后 ① 委托部长确认邮件文案。

② 收到部长的确认结果。

2. 获得

之前 从经理那里拿到销售额数据

▼

之后 ① 委托经理提供销售额数据

② 收到经理提供的销售额数据

3. 咨询・提问

之前 向课长咨询估价金额

▼

之后 ① 向课长咨询“估价金额是否可行”。

② 收到课长回复。

4. 确认

之前 准备会议资料

▼

之后
① 打印会议资料
② 用夹子将打印好的资料夹住
③ 确认份数
④ 分发资料

就是这样。也许你会觉得分得太细，但刚开始最好细分到这种程度。

只要事先将工作细分好，那么即使工作中断，也能迅速把握住工作进度。就像是往工作里夹了张书签，“这个正在等部长的答复”“这个必须自己去找经理，请他把数据发过来”，让你轻松把握情况，并且能快速地重新启动工作。这时你就会觉得自己变得善于筹划了。

重点

工作筹划就是每一个小步骤的叠加。

2-4

明明做的是同样的工作，但每次都会出问题

先写下步骤，然后严格按步骤反复操作

明明是做过很多次的工作，但每次还是会出问题——你是否也有过这样的经历？如果有，那就请把工作步骤写下来，并反复进行操作。只要有意识地“反复操作”，那么适应工作的速度就会明显加快。

我（@高梨健太郎）在之前的公司负责的是名片订购业务。虽然每次的订购步骤是一样的，但身兼多职的我每次都是“摸着石头过河”。

因为人的大脑无法将每次的即兴操作识别为“正在反复执行同样的流程”。于是，无论过了多久，依然不能烂熟于心。

而在现在这家公司，作为法务的我主要负责检查合同。与之前不同的是，我会先把步骤清单做出来。

制定合同

1.从营业部门拿到合同

2.填写受理表格

3.检查内容

4.将合同返还给营业部门

5.将法务检查合格证发送给营业部门

“这项工作你已经做了好多次了吧？”——已经被指责了无数遍。

如果能边看着做好的步骤清单边开展工作，大脑就会意识到“原来自己正在重复相同的流程”。于是，只要接到检查合同的委托，大脑就会立刻浮现出这个流程，这样就能没有遗漏地顺利开展工作。

重复相同的步骤

在重复操作的过程中，这些流程会深深印刻进我们的大脑和身体。

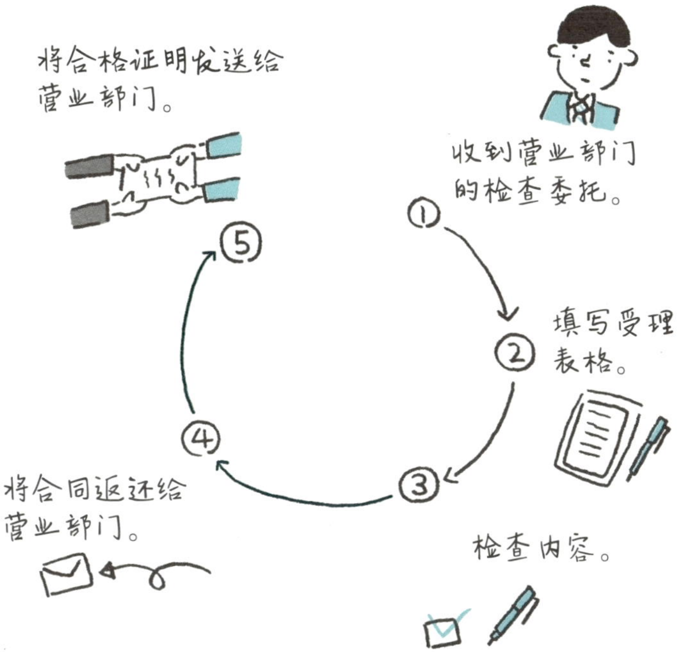

重点

反复操作会形成身体记忆。

2-5

很难守时

用"暂定的截止日期"来培养时间观念

有的人很有时间观念，一定会在截止日期前完成工作。因为他们**早已掌握了在截止日期前完成工作的方法**。

但是，**不必一开始就做出正确的时间表**。不妨先暂定一个流程和截止日期，之后再做修改。请反复进行这样的练习。觉得自己时间安排得不好的人，只要多加练习就会好起来。

想到一件发生在我（@高梨健太郎）上一家公司的事。当时我接到一份工作委托：海外事业部的名称变了，请在明天下班之前把新名片做好。印刷公司对名片数据接收的截止时间是我接到委托的当天12点。我估算着30分钟左右就能搞定，所以临近中午才开始着手这件事。

考虑到客户是国外的企业，必须在名片上标记英语，于是匆忙联系擅长英语的小A。但不巧的是他正在开会，这让我束手无策！

为了不让事情发展到这个地步，请在接到委托后就立即着手做步骤清单。

名片制作

1.收到制作名片的委托

2.确认委托内容

3.向小A请教英语写法

4.收到小A的答复

5.把英语书写发给部长审批

6.收到部长同意使用的批示

7.编辑名片资料

8.交稿（**截至12点**）

9.名片到货

10.留一张给总务备案

11.交给相应部门（**明天12点**） **＊黑色字体为自己要做的步骤**

首先要设定截止日期："要在12点之前完成1 ~ 8项。"接下来要确认小A和部长的行程安排。经确认得知小A在10 ~ 12点要开会，部长11点要外出。这么看来，这件事情必须在10点之前着手去做。

综上所述，"培养时间观念"需要注意以下3个重点。

- 把工作分解成多个小步骤
- 给每个步骤设定截止日期
- 确认其操作可行性

只要这样反复练习，自然就能做出精确的步骤清单。

重点

只要多练习，便能在"截止日期"前完成工作。

2-6

害怕被问到工作进展

做好步骤清单，以备临时突击

“往东京都寄申请书的事，现在进展如何？”我（@高梨健太郎）特别害怕这样的突击提问。

因为我必须为此去检索过去的邮件，或是从办公桌上堆积如山的文件中各种翻找。

有过类似经验的朋友就会知道，**过去的邮件找起来很费时间，一不留神一个上午就过去了**。这些可都是司空见惯的事情！

当然，对方等的时间一长，脸色自然也不会好看。同时，慌乱中的自己也会犯下原本不会犯的错误，很可能会给之后的工作带来不良影响。光是这样想想就觉得好可怕。

但是，如果这时能有一份步骤清单，那就会省事很多。比如，你们的对话可能会是这样的：

“那个向东京都提交申请的事，进展如何？”

当被问到工作的进展时，可以拿出步骤书确认。

好死不死，被问到的“那件事”往往就是最糟糕的。

往东京都寄申请书

1.在东京都官网下载申请书（已下载）

2.填写申请书（已填写）

3.请主管在申请书上盖章（已完成）

4.拿到盖好章的申请书←现阶段

5.寄出申请书

“关于往东京都邮寄申请书那件事，我昨天已经委托了主管部门盖章，现在正在等待审批结果。预计明天就能寄出。”

“好的，我知道了，谢谢你。”

就这么几句话，几秒钟就能讲完，根本不用浪费大半天的时间。而且，看一眼步骤清单就能全部搞定，完全不必为不记得而着急。

我以前只会一味地羡慕别人，“我要是也能像那样对答如流就好了……”但是，现在的我知道，**只要事先写好步骤清单，我也可以成为“能马上回答上司提问的那个人”**。

而且，最重要的是，步骤清单会给你带来安全感，“无论何时无论被问到什么问题，只要看这个就没问题”。

重点

制作步骤清单是为让自己有安全感。

2-7

一遇到紧急工作就会不知所措

勇敢地清空自己的行程

越是对工作认真热心的人，就越容易把行程安排得很紧凑。为了不让自己在接到紧急工作时不知所措，我们要勇敢地为自己制定一个宽裕的行程安排。

这是我（@高梨健太郎）某天的真实行程安排表。彩色的部分是当天突发的“临时状况”。

8 ~ 9点	商谈合同
9 ~ 11点	来客。关于官网的会议
11 ~ 12点	会议延长1小时
12 ~ 13点	准备会议资料
13 ~ 14点	中午休息
14 ~ 15点	博客主题讨论会
15 ~ 16点	关于官网的公司内部会议
16 ~ 17点	处理相关杂务

如果一开始就把行程安排得满满当当，那我根本不可能应付过来。而之所以没发展到那一步，是因为我克制住了自己“还能多做一点”的冲动，让自己能在时间安排上游刃有余。

我会把每项工作所需的时间设定为自己所预想的两倍，因为很多

头一大就想出去旅游。

工作是没法在预想时间内完成的。

我原本的计划是开完“博客主题讨论会”就去“写博客”的。可当我看到步骤清单上写着博客的截止日期是第二天时，我临时改变了主意，决定先去认真把会开完，然后再写博客。只要给各项任务加上截止日期，我们就会懂得哪些工作是可以推后的。

工作中出现“临时任务”是理所当然的。

重要的是，我们要毅然决然地鼓足勇气为自己安排出宽裕的行程，只有这样才能让自己冷静应对所有情况。

做计划时别贪心

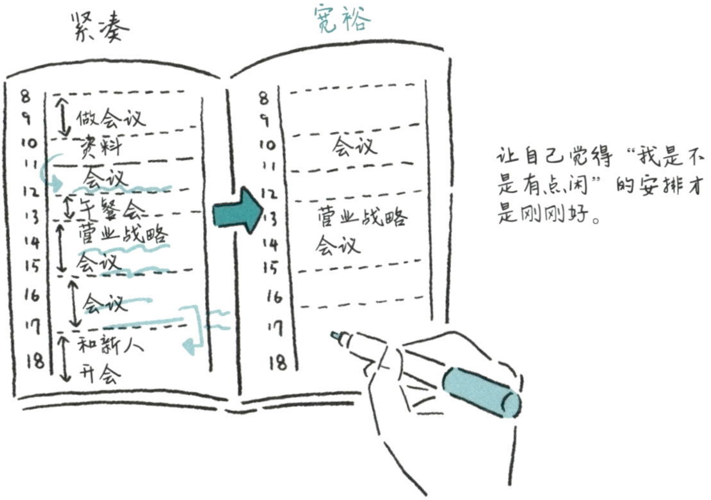

重点

请克制住“还能多做点”的想法。

2-8

一听到“尽量快点”就会着急焦虑

只要按自己的节奏“尽量快一点”就可以了

当别人要你尽快处理他所托付的工作时，你是不是会特别着急？其实你不必把他的话太放在心上。因为交付日期的决定权在你手里。**请在自己的能力范围内设定截止日期**。

于对方而言，“尽量快点”的言下之意是“如果你能帮我马上处理，我会非常感激，但并不是非哪一天不可”，所以你也不必过分紧张。

相反，**如果你过于优先考虑对方，反而会让自己为难**。

有一天接到营业部负责人的委托，让我（@高梨健太郎）帮忙检查文件。当我向他确认截止日期时，他的答复是“请尽快吧”。

若是在以前，我肯定会说：“那我今天做完。”只是当我回到座位，看到眼前大量必须马上提交，却还没有做完的工作时，我就会犯愁：“今天之内我可做不完啊……”

而现在的我会这样处理。如果是在新的一周刚开始的时候被要求“请尽快”，我会提议把截止日期定在不让自己为难的范围内，比如，“尽快啊……嗯，要不这样吧，我周五中午之前给你，你看如何”？

即使对方说：“其实我周三左右要用它……”

我还是会努力和对方交涉："这样子啊。那我加加油，争取能在周四之前赶出来，你看可以吗？"

说出具体的日期的确需要勇气。但是，只要你平时养成了写步骤清单、设定截止日期的习惯，那么在面临这样的交涉时，会越来越得心应手。

不要把"请尽快"放在心上

最重要的是，自己要能冷静地处理工作。

重点

"请尽快"这句话是一个掌握主动权的机会。

2-9

工作瞬间堆积如山

要立即处理掉“2分钟就能做完的工作”

不积压工作的关键是：**有没有马上就能做完的工作**？

虽说工作的基本是“写步骤清单”，但有些工作简单到连步骤清单都不需要写。

工作效率高的人**会先迅速处理完只需数秒或1～2分钟就能完成的工作**，然后再去处理其他工作的步骤清单。

你是否有过这样的尴尬经历：

“我想在上司的办公桌上留一个电话留言记录，但是现在太忙了，还是等回到座位后再口头转告给上司吧。”心里这么想着的你最后却把这件事给忘了。等对方再次打电话来找上司时，你才意识到“自己忘了把这件事转告给上司”……

我（@高梨健太郎）以前就是这样一个典型。总是想着“反正一下子就弄完了，现在不用着急”。于是会把事情都推到后面再做。可是等相当长一段时间过去后，工作早已堆积如山，这时我才会焦躁慌乱起来：“这么说来，我还有好多工作没有做！”

焦躁状态下完成工作和冷静状态下完成工作是截然不同的。而更危险的是，如果不引起足够的重视，只把它当成一个小任务，那么在不知不觉中你就会将它遗忘。

明明我又不是维特，却一直在为工作而烦恼。

等到你把那些“马上就能完成的任务”立即处理掉了，就不会再有像“虽然每一个都是马上就能完成的任务，但是攒得多了……就不想做了……”这样的焦躁和迷惘了，于是也就能顺利开展工作了。

请把小任务秒杀掉

重点

立马就能完成？YES or NO。

2-10

迟迟进入不了工作状态

步骤清单会推着你往前走

“无法下定决心开始工作，会踌躇很长一段时间”——有没有觉得这种状态似曾相识？

说起来，“为逃避工作而一直检查邮件”正是这种状态。

以谈恋爱为例。我好想对那个“有喜欢的人，但又不敢约”的朋友说一句：“总之请先约了再说。”

但是，如果真有勇气马上和喜欢的人联系，那么那位朋友也就不愁了。**他所需要的是“有什么”来推自己一把**。

而这个所谓的“什么”应该是：

“想表达出自己想法”的欲望；

“如果只是联系一下，没准儿自己能做到”的低难度；

“眼里只有你”的专注度；

“马上就要毕业，之后再也见不到了”的紧迫感。

真是不好意思，一下子回忆起了青春。

工作虽然不是那种酸酸甜甜的状态，但本质却是一样的。

“想把工作做完，让自己轻松无压力”的欲望；

“先写个邮件开头吧”的低难度；

“我现在最重要的就是推进这项工作”的专注度；

“另外，截止日期是今天”的紧迫感。

迟迟进入不了工作状态时，首先请看步骤清单。如果没有步骤清单，那就赶紧写一个。这样一来，上面所写的条件都齐备了，于是它就能推着你往前走。

人都有这样一个特点——一旦着手去做了，就会一直做下去。因此，只要你着手做了，就会像放在坡道上的球一样，顺着坡自己就滚下去了。

要不要和我一起照着步骤清单，从自己力所能及的地方开始自己的工作呢？

重点

只要着手开始工作了，那就相当于工作已经做完了。

2-11

容易积压工作

工作基本上是“接球传球”

在足球比赛中，为了赢得射球的机会，同队球员会相互传球。工作亦是如此。但是，**责任心强的人会有一直带球跑的倾向**。

足球和工作的不同之处是，足球比赛时，队员只需管住一个球，而工作时却是10个或20个球同时在运转。在这种情况下，想自己一手揽下所有的事是不可能的。这么说来，就更需要**全员齐心，配合传球**。

如果自己揽下过多的工作（＝球），到头来终究会给周围人添麻烦。

另外，我也不推荐一直带球跑。因为正如刚才所说，工作的基本是传球。

关于A这项工作，

现在是自己在运球（在负责）吗？

还是别人在运球（在负责）吗？

我们一定要弄清楚这一点。这叫作**“弄清现状”**。

例如，请看下面的步骤清单。

1.接受××先生制作资料的委托

2.制作资料原案

3.给同事发委托邮件，拜托同事帮忙确认资料原案

4.收到同事发来的确认完毕的邮件

5.把资料提交给上司

仔细一看才发现，原来大家都在“等我”。

像上面这种情况，彩字部分代表别人运球的现状，黑字部分代表自己运球的现状。

认为“自己必须努力”的人，他的步骤清单一般全是黑字。乍一看他是一个责任心强，特别可靠的人。只是在足球比赛时，即使你想要自己一个人带着球往前冲，也不可能顺利到达终点。你的球大概率会被对方中途劫走。

也许把工作传给别人会让你觉得是在推卸责任。但是别多想，工作就是这样的。与其自己负责太多，不如尽可能传给别人。

能在工作上漂亮传球

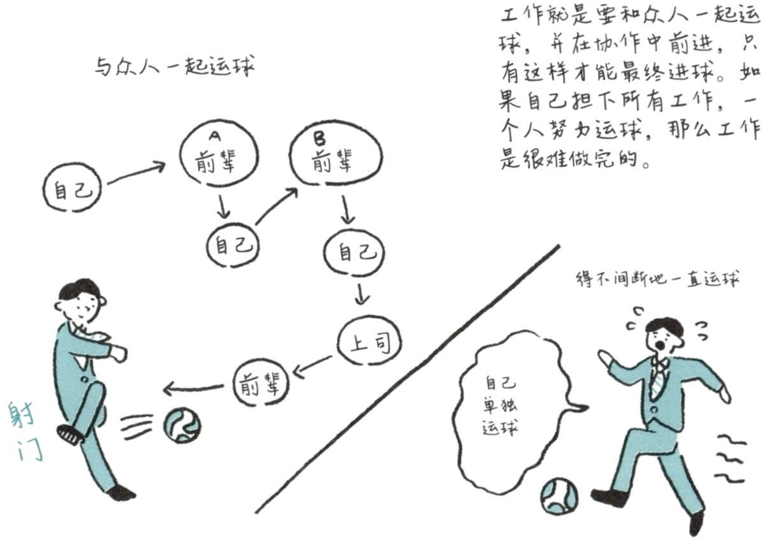

重点

不断把工作传给别人。

2-12

不擅长做组织工作

按“人一物”的顺序来决定

不擅长组织会议或酒会等活动的人一定要记住这条黄金法则——要按“人→物”的顺序来做决定。

以会议准备为例：

如果按会议室的预约或资料的准备等“物”的情况来安排会议，那么最终会导致作为主角的参会人员调不出时间。

比方说，会议一定要按以下流程来准备。

召开商品研发会议

1.（人）确认会议成员是否出席

2.（人）收到成员的回复

3.（物）预约会议室

4.（物）准备会议资料、打印

5.召开会议

其中，1和2是与“人”相关的，而3和4是与“物”相关的。

一定不要先预约了会议室，或先准备好资料，然后再联系参会人员。我（@高梨健太郎）就为此吃了不少苦头。

会议室可以换，但是人的行程安排是无法随意改动的。

他对我说“那天他没法参加”。

一旦定下来要召开会议或聚会，那就要先确认参会人员的行程安排，定下会议时间。

只要搞定这一项，就等于完成了一半的工作。

一旦定下要开会

重点

首先要确保有人参加。

高梨健太郎的失败谈

看房

你知道“看房”这个词吗？

它指的是房地产公司的工作人员带着正在找房子的客人去现场看房。这事儿并不难，但我在做兼职的时候搞砸过这件事。

记得当时正好是秋冬交替的季节，上司要我带着想租房的客人去看房。我充满干劲地应了一声“好”，就夺门而出。

客人是一位非常面善的女性自由撰稿人。本来应该马上为她介绍房子的……可是，我忘了在出门前仔细确认房子的位置。在车站会合后，我们走错了方向，结果怎么都找不到那个房子。

完全迷路的我只好带着客人到处兜圈，在夜幕降临时我们才终于找到了房子。

而房间是没有通电的，即使我打开门招呼客人进去参观，里面也是漆黑一片，什么都看不见。最终，那天我们算是白跑了一趟。虽然客人很宽容地给了我鼓励，但她的善意反而让我更加觉得自己没用。

也正是在那个时候，我逐渐察觉到自己有与多动症相关的一些症状，于是去看了医生。可以说，这次经历是我人生的一个转折点。

CHAPTER 3

第 3 章

搞不清楚优先顺序

有必须要做的事情……
但是，勇者不知该从何下手。 ▼

3-0

为什么无法排出优先顺序

很多人会好心地建议我，“要多考虑工作的优先顺序”，很多介绍工作技巧的书里也写到了排出优先顺序的重要性。

可话虽如此，“为了完成眼前的工作我已经竭尽全力，根本没时间去好好考虑优先顺序……”相信这是很多人都有的烦恼吧？但是，请放心。

排优先顺序的能力本就是人的天性。

因为每一个瞬间，你都在按照自己的标准决定着当下该做的事情，只是自己没有察觉罢了，我（@福地翔太）以前在公司工作的时候是这样一种状态：最近桌子好乱啊，我今天一定要整理一下……但是在此之前我必须想出一个新的企划内容。

……可是，经费申请截至明天，今天必须把收据汇总才行……不行不行，在那之前我得把早上上司要我做的会议资料完成才行。

……要做的事情好多啊，还是先来查看一下邮件吧。呀呀呀！客户生气了，发邮件问我什么时候才会联系他。惨了！惨了！我得赶紧回复他才行……

本来还想好好整理桌子，为自己创造一个舒适的办公环境的，但又不想因为逾时申请被总务部的人骂，而且惹怒了上司后果会很严重，同样惹怒了客户后果也会很严重，于是优先顺序不断在发生变化。

我那时的标准就是“不被上司或客户骂”，于是我会下意识地选择先做不至于惹怒上司或客户的工作。

工作中有“不想被骂”的想法并没有错，但是，“不清楚自己是以什么样的标准在判断工作的优先顺序”这才是问题所在。

不过也不必为了排出正确的优先顺序而花上好几个小时进行特训。只要一边对照步骤清单，一边决定现在要做的事情就可以了。我就是在经过反复练习后，才终于有勇气做出决定：“这样可能会得罪人，但我现在要做的就是这件事！”

经过不断的“比较、选择”，自己的标准也会愈加明确。在第3章中，我们会向大家介绍正确排出优先顺序的方法。

3-1

不知该如何安排优先顺序

先定下应该优先的“人”的顺序

向不知如何安排优先顺序的你介绍一个最简单易懂的方法：按身份来定工作的优先顺序。也就是说，**老板委托的工作是最优先安排的**。

大家都知道，公司里职位越高的人，掌握的重要信息也越多。尤其老板的影响力是最大的，他的一举一动会影响到整个公司。

所以，请先专心处理来自职位高的人的委托。这个过于简单的方法是不是让你有些失望？但它的确是一个最能让周围人信服的排序方法。

当然，像“性子急，不好说话的人”“很强势，爱发脾气的人”等，这些人也会让你特别想将他们优先安排。为了不让这些人干扰到自己的判断，**一定要事先在心里定好“优先人员的先后顺序”**。

只要定好了顺序，当有人对你说“拜托了，这是急件”的时候，你就能马上回复对方：“等我处理完老板的工作就给你弄哈。”只要有正当的理由，对方也会比较容易接受。

有一套确定优先顺序的规则，并严格按照规则执行。通过这样的反复练习，你会越来越懂得如何决定工作的优先顺序。

仔细一看才发现，自己的优先顺序乱成了一团。

如果是这家公司

先后顺序

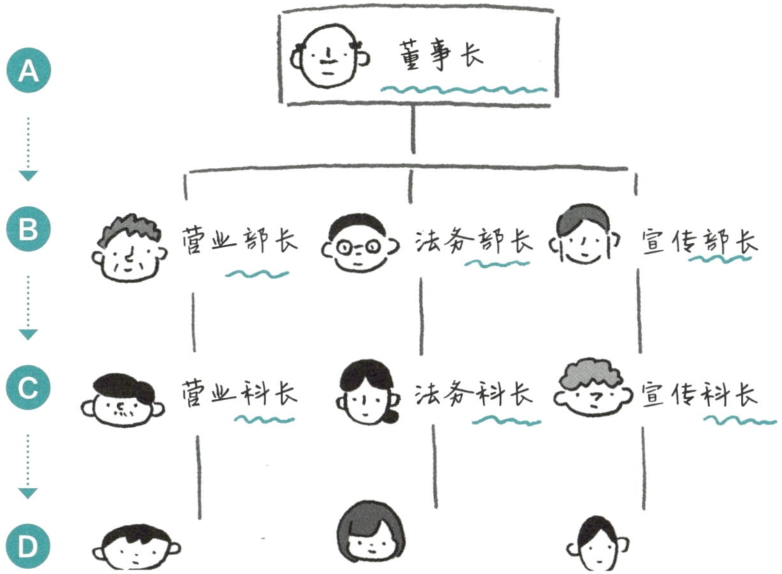

公司不同，其组织结构和职位称呼也不尽相同。大企业会更加复杂些。如果能事先了解清楚自己公司的体制，那么做起事来会方便很多。

重点

可以按对方的职位高低来定优先顺序。

3-2

不知该如何安排优先顺序

先排好日程表，弄清楚自己的空闲时间

“没能完成预定的工作，不知不觉就到了晚上”——你是否也有过这样的经历？

但是，你完全不必自责，不要怪自己比别人笨……因为你一直都很认真地在工作。至于为什么没能完成，不过是你预估的时间与实际花费的时间有所出入罢了。仅此而已。

请先把像“会议或会谈”“客户来访”这种时间早已确定的行程写入日程表。也许你会认为这是理所当然的事情。但是，请务必在填写完行程表后认真确认还剩多少时间。这时你会注意到——其实可用时间要比想象中的少。

某天的日程表：

- 8点上班
- 10 ~ 11点客户来洽谈
- 午休和同事一起吃午饭
- 13 ~ 15点公司内部检查
- 17点下班回家后马上给孩子洗澡

在上班到下班的这9个小时里，能坐在自己办公桌前工作的时间只有以下5个小时。

- 8 ~ 10点间的2个小时

- 11 ~ 12点间的1个小时
- 15 ~ 17点间的2个小时

而且还必须考虑到工作有可能延时，以及早会、接打电话、商谈准备都需要时间。如果再有临时任务插进来，那就只剩下4个小时，甚至有可能变成3个小时。所以，请先把已经定好的行程写入日程表，以便弄清楚真正属于自己的空闲时间。

某天的日程表

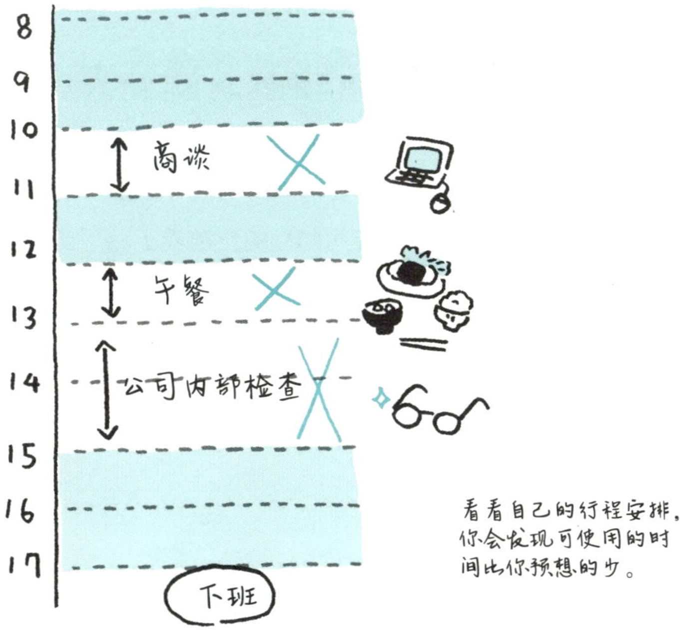

重点

请从明确可使用的时间开始。

3-3

优先顺序排得乱七八糟

克制住想要一次性完成多项任务的心情

工作做得快的人指的是放弃同时执行多个任务的人。

你有过这样的体验吗？

① 正在写邮件时收到了新邮件通知。

② 不由自主地打开了新邮件。

③ 在意新邮件里提到的内容或是事情的经过，开始查找过去的邮件。

④ 上网检索不懂的词语，于是开始了网上冲浪。

⑤ 突然回过神来，重新回到原来的邮件，“咦？我做到哪儿来着”？

可能在你看来，“我只是在写邮件的空隙看了一下新邮件”。但是，实际情况却是这样的：

- 需要花时间去“回忆邮件写到哪儿了”，这会浪费时间。
- 需要花时间去“回忆新来的邮件看到哪儿了？上面都写了些什么”，这也会浪费时间。

相反，做事快的人的做事流程是这样的：

① 会无视刚收到的邮件。

② 写完邮件。

③ 阅读新邮件，并确认事情原委。

同时执行多项任务时会蒙圈。

做事快的人会全神贯注于一项工作。他们不会在“回忆工作”上浪费时间。

诚然，优秀的人确实能同时处理好几项工作，但如果我们也按这样的标准来要求自己：

“必须一次完成多项任务”，并会因为没能如期完成而烦恼不已。**那可就真的是多虑了**。请放下这个标准，放心地去逐项完成眼前的任务吧。

因为同时在做好几件事，所以会混乱

重点

不必同时执行多个任务。

3-4

排优先顺序时犹豫不定

如果在“截止日期”和“工作品质”上举棋不定，你只能顾全其中一个，请优先考虑截止日期

工作上的自信程度与如期完成工作的次数是成正比的，而这份自信又能成为决定优先顺序时的有效助力。所以，即使你认为“如果能再多花上一点时间，做出来的东西一定会更好……”，但还是请优先考虑截止日期。

我（@高梨健太郎）以前是一个很难如期完成工作的人。在我眼里，截止日期就好像一个手拿镰刀站在我的前行道路上等着我的死神。

甚至在参加某公司面试，被问道“你有什么不擅长的工作吗”时，我的回答是：“我不擅长有截止日期的工作……”面试官听完后苦笑不已。

而现在的我却变成了一个特别希望有截止日期的人。

在我工作用的步骤清单上会设有截止日期栏，并且我会将它们填满，即使是临时的也没关系。这个设计正是抓住了人见空就想填满的心理。于是，我会在每个任务里都设定一个截止日期栏。

如期完成任务是一种成功体验。而成功体验积累得越多，人便会越有自信。也就是说，会形成一个“遵守时间→增强自信”的良性循环，于是慢慢就能说出“我非常希望有截止日期”这样的话。

“如果能再多花上一点时间，做出来的东西一定会更好……”这种心情我是很理解的，但它容易成为一道不遵守截止日期的免罪符，并且也会成为工作停滞的原因，从而动摇周围人对你的信任，最终会导致你无法安心工作。

请不要对“决定截止日期”这件事有抵触心理。每一次的守时都会增强人的自信，更有助于人们安心地推进工作。不妨先做到遵守时间，再去追求品质。

截止日期会带来自信

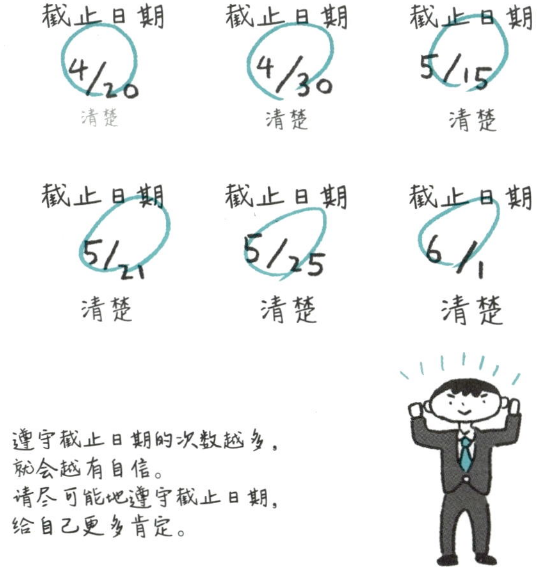

重点

反复“设定并遵守截止日期”。

3-5

所有工作都成了最优先任务

决定好不做的事情和做不到的事情

当所有工作都成了“最”优先任务时，究竟该从哪一个着手呢？

除“真正值得最优先对待的任务”以外，我们必须对其他任务作出判断，决定是该将其“推后”还是“不做”。先来说说其中一种方法——“不做”。

例1 正忙着的时候电话铃响了

（好！从现在开始要集中精力把企划书完成！）

——叮铃铃叮铃铃……

（啊，电话响了！话说前辈曾说过“电话铃响一声就要马上接起来”！）

（不，现在得集中精力做企划书！）

——“好！企划书做好了！”

有时我们就要不去管电话，而是先把该做的工作做完。

例2 如果有人在你正忙的时候来请你帮忙

——“高梨健太郎，你能把营业部昨天的销售额汇总给我吗？……”

——“不好意思，我能找营业事务部柳原帮忙弄一下吗？”

（自己做是能做，但现在空不出手来……）

即使是难得找你帮忙的人的请求，也有不得不拒绝的时候。

例3　如果正忙着的时候，附近有同事遇到了麻烦

（旁边的吉田正在为打印账单而焦头烂额……）

——吉田：“啊！已经来不及了吧？！惨了……”

——吉田：“啊！印错了……”

（吉田，对不起，我现在也没法儿去帮你。）

是不是特别想去帮吉田一把？但是，现在你必须专心做自己的工作。当遇到这种情况时，即使你是一个特别热心的人，也要忍住不去帮忙。虽然会很难受，但是与你无关的任务你就不要去管。只有这样，你才能顺利开展自己的工作。在完成了自己的工作后再去帮吉田应该也还来得及。

重点

要有抛开“我应该做”的勇气。

高梨健太郎的失败谈

不敢向左转

这是发生在我停职前的事情。那时的我因为工作不顺而特别烦心，以致就连去公司上班都会让我很痛苦。当时我工作的公司是位于车站检票口的左边出口处。

终于有一天，积压到一定程度的痛苦使得我出了检票口后不敢再向左转。

也许你会觉得："哎呀，向左转一下身体还是可以做到的吧。"的确，如果能想开点，或许我能向左转过去。但是，当时真的想不开。

在早高峰的时间段，后面的人蜂拥而至。前面没有路，左边又不敢走。于是我用排除法选择了向右转，跟着人潮漫无目的地向前走。

之后，我在一栋大楼下的小公园长椅上坐了下来。公司就在对面，隔着车站，距离这里并不远，但我却怎么都站不起身来。我打电话向公司请假，对方很关切地问我要不要紧，而我却没办法好好解释自己的情况，只是一直坐在长椅上发呆。

不久后我就办理了停职。"必须去公司"的义务感和"去公司很痛苦"的情感交织在了一起，最终让我无法动弹。

多亏有任务管理，我现在每天都会去公司上班。但我还是常常会想起自己这次刻骨铭心的经历。

CHAPTER 4

第 4 章

最终还是拖延了

明明知道是必须要做的……

尽管如此，勇者今天还是拖延了。▼

4-0

为什么会拖延

虽然我也知道，只要着手去做了，这些烦恼就会不复存在。但我还是很难跨出第一步。

为什么拖延问题会一直存在呢？

其实人人都有拖延的习惯，因为“想先从‘身体记住的事情’着手”是人之天性。

我（@福地翔太）最不擅长，最爱拖延的任务就是“整理发票”。其实要做的不过是将钱包里的发票整理好，再计入会计账簿，仅此而已。但我却拖延成性，总是到了快来不及的时候才后悔不已。

与此不同的是，我会以分为单位将自己24小时里的一举一动记录下来。然后再根据这些数据，花1个多小时来写报告。如此麻烦的事情，我却已经坚持了好多年。

之所以我会把那件几分钟就能做完的事情（整理发票）搁在一旁，却愿意去做一件要花1个多小时才能完成的事情（写报告），那正是因为**比起不熟悉的工作来说，熟悉的工作要得心应手得多**。

在做一件不熟悉的工作时，身体所产生的排斥反应会比自己以为的更为强烈。

如果正好是在“对不熟悉的工作极为排斥”的时候，“熟悉的工作”接踵而至，那么身体就会变得越发地不想去碰那些不熟悉的工作了。

这么说来，**只要让身体将工作牢牢记住，拖延不就会越来越少了吗**？

因此，我不再要求自己“今天一定要把这一堆发票处理好”！

而是“每天整理5分钟”，用愚公移山的精神去处理堆积如山的发票。

就这样，每天的坚持让身体记住了工作的流程，于是做起来也越来越轻松。

并且，就算眼前的发票堆积如山，也不会再为“必须要整理……”而感到不安焦虑了。

也就是说，**就算工作并没有完成，但是，“工作每天都在一点点地向前推进”的真切感受能将拖延带来的不安统统抹消掉**。

在第4章中，我们会向你介绍一些稳步开展工作的方法。希望你也能拥有一个不会因拖延而不安，轻松却没有束缚的工作环境。

4-1

明明想把它做完，却迟迟无法开始

不要只想着将它做完

我（@高梨健太郎）曾为了考取法律类的超难资格证而准备了很长一段时间。在备考的那段时间里，看着身边的朋友们进入公司后一个个平步青云，我心里很不是滋味。

虽然我为了这场一年一度的考试制订了高强度的学习计划，但是每天都不能如期完成……没完成的任务越积越多，日程安排也变得越来越满，在不知不觉中我开始对这样的自己感到失望，觉得“反正再怎么努力也学不完了”。

虽然我依然会去补习班的自习室，但却只想着从现实中逃开，譬如要么在自习室里睡觉，要么去书店看书看到入了迷。于是，每年考试都不合格也是情理之中的事。

当时**因为太想“完成指定任务”，以致压力太大，最后变得连碰都不敢去碰一下**。越想把它做完，越不敢去触碰——我当时就是这样一种状态。

要想从中解脱出来，只有摒弃这种“必须完成”的强烈想法。

为此，请不要只想着“把它做完”，而**应该聚精会神地去做步骤清单里的第一个任务**。慢慢地你的心境就会变成这样：我也许很难将所有的工作全部做完，但是，完成其中一部分应该是没有问题的。

没完成没关系。

做一点也可以。

往前推进了一点点！

像这样，哪怕只是取得一点进展，也要认可自己的成绩。请不要急于求成，也不要止步不前。

也许你会心生疑惑：“都说‘商场如战场’，那么如此慢的节奏真的能行吗？”请不要担心，比起压力之下的一筹莫展，能力范围内的稳扎稳打更能提高工作能力。

不用看结局

重点

即使只是取得一点进步，也要给予自己肯定。

4-2

拖着不想写总结

当场进行确认

说一件发生在前公司的事儿。有一次，部长交给我（@高梨健太郎）一个工作任务——把股东说明会的会议摘要做出来。部长的指示我自然是欣然接受，但却因为不知道部长对会议摘要的要求而一筹莫展，于是时间就这样匆匆地过去了。

那天深夜，我交给部长的是一张写有“股东说明会”的标题、举办日期和地点，以及“关于股东大会”这几个字的A4纸！

目瞪口呆的部长只说了一句话：“你可以回去了……”

我想很多人在收到“把今天的会议内容用一张A4纸总结出来”这样的任务时都会感到头痛吧？即使没有像我那么极端。

据说1分钟的视频大约包含180万个词语的信息量。虽说会议和视频并不是一码事，但可以肯定，**用A4纸总结1个小时的会议内容绝非易事**，所以为此烦恼也是理所当然的。

当你搞不清楚对方要的是什么时，请务必当场进行确认并在大脑中画一幅印象图。

自己

“我想把这几项写进去，您觉得如何？”（标题、主题，当场写下大致的内容）

上司
“嗯，请把这个也加上吧。”

自己
“好的，谢谢。还有，我想把这几项放在表格里，您意下如何？”

上司
“嗯嗯，把它放进去吧。”

一旦确认好了，就意味着资料的框架定下来了。接下来只要把项目的内容写上，以及把表格填满就可以了。

这样做，不仅不会出现拖延，还能减少会错意的可能性。

重点
不要让自己一个人承担下所有。

4-3

拖延了一段时间后，才发现已经来不及了

工作要一点点地做

工作，**如果不去做，就很难知道它究竟是难还是易**。

以前，我接过一个回答国家调查文件的案子。我（@高梨健太郎）以为不过是画几个圈的事儿，并没有把它放在心上。等到临近截止日期，一打开任务要求才发现，那么庞大的工作量根本就不是当天能完成的。

“哎呀！要是能从刚开始就一点点地做就好了……”

可是已经悔之晚矣。

那天我弄到大半夜也没能完成，后来周末加了班才总算把它搞定。当然，我也因为这件事被上司批评了。

如果不尽早预估好完成工作所需的时间，之后便会让自己陷入水深火热的处境。

尤其是要同时处理多个任务的时候，建议你要像象棋名人分别在多个对战对手的棋盘上移动棋子的“多面打”一样，**一点点地执行多个任务。**于是，你就能像这样——“照这个速度来看，我得再加快点才行”来把握完成工作所需的时间。

这个方法同样适用于想1个小时都不一定能想出答案的创意工作。

比如想出一个创意后就去做点别的工作，当你再回到这项工作时，就更容易想出创意来了。

把握好到达终点的距离

工作并不会自动按难易度一字排开。

只有亲力亲为，才会知道工作的数量和难度。

重点

工作——不做便不会知道它的真面目。

4-4

小工作容易被搁置

把小工作加到大工作里

每次外出或出差回来必须要做的一件事就是申报交通费等经费。

我（@高梨健太郎）也是如此，只要是因公外出，回公司后就必须去申报交通费。说实话，如果单程只是100多日元的话，我往往会冒出“金额这么小，还是待会再弄吧”这样的想法。

可是我敢说，事情一旦被搁置下来，以后基本就不会做了。如果先去做了其他工作，那么不知不觉就会将这件事遗忘在脑后。等再过上一个月，你会因为害怕挨经理的骂——“上个月的工作你怎么现在才做”，而更加不会去做。

在这里我想给你的建议是，不妨**把容易搁置的小工作放在步骤清单的最后一步**。

参加××研讨会

1.报名

2.参加研讨会

3.申报经费

请像这样把申报经费加在出差或外出步骤清单的最后一步。这样的话，步骤清单会提醒我们：“你还有工作没做完呢！”

如果把容易搁置的小工作和必须要做的工作一起写出来，那么就能避免拖延，并且遗忘的事情也能大幅减少。

给工作制定套餐菜单

请参照餐饮店里常见的套餐菜单的做法，把小工作放在大工作后面，这样就能减少拖延的发生。

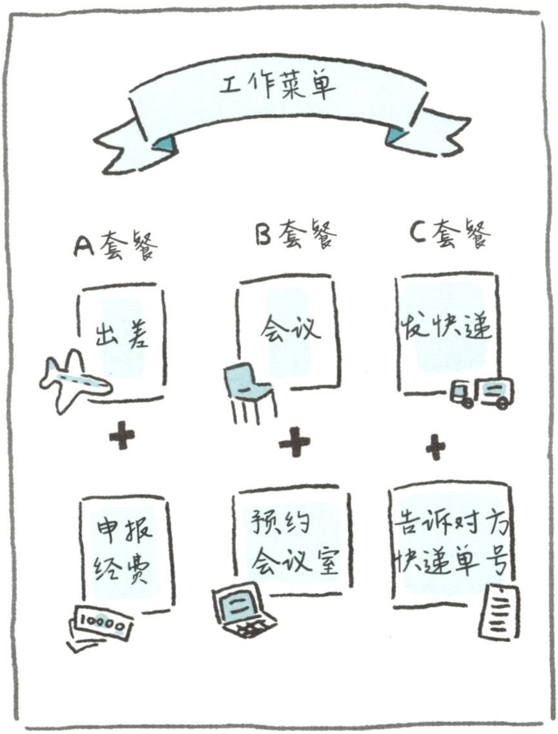

重点

要不要将申报经费一起做完？

4-5

遇到什么做什么

理直气壮地把不急的工作放在后面做

你是不是也觉得“拖延不好”？所以，在脊髓反射下，只要接到新工作就会立即处理？

我（@高梨健太郎）以前一接到别人的委托，就会马上处理。但因为是为了新工作而放下了手头的工作，而且也没有事先想好新工作的工作步骤，所以最终两样都没能做好。于是也就成了“积压了各种工作→脑袋炸掉→突然停职……”这个样子。最终不仅事情没做好，还给周围人添了很大的麻烦。

和我类似的人大多是这样一种状态：以为自己能行，结果全部半途而废。不拖延的工作态度固然招人喜欢，但半途而废的结果也着实让人生气。真可谓是吃力不讨好。

其实，拖延有两种——**“良性拖延”和“恶性拖延”**。

“恶性拖延”是故意不做所引起的结果。

而做好规划，有选择地决定“现在不做”所产生的结果是“良性拖延”。

只要养成了做步骤清单的习惯，就能作出像“现在不做也可以”这样的判断，也就能避免在工作中莽撞行事。

重点

积极做良性拖延。

4-6

工作无从下手

故意留下一点工作

当看到电视屏幕上出现“精彩还将继续”的字样时，就会不由自主地想要继续看下去。这就是蔡格尼可记忆效应——人们对尚未处理完的事情，比已经处理完的事情印象深刻。

这个也可以应用在拖延对策上。

请故意留下点工作，让自己在“今天还想再做一点”的状态下收工。

这样的话，第二天你就能迅速进入工作状态。因为你知道工作要从哪里着手，于是最终就能避免拖延的发生。

做好步骤清单，并给做完的工作标上明确的记号，这是非常好的一种做法。

因为如果搞不清楚“工作做到哪里了”“工作要从哪里开始”，那么最终这项工作很有可能会被搁置下来。

请试着故意留下一点工作，然后第二天用“就等着把你做完”的心情将它完成。

重点

给明天的自己准备好礼物。

高梨健太郎的失败谈

冰咖啡

人一旦失去了自信，就会连一件理所当然的事情都做不了，也会不再相信自己有能力办到。

这是一件发生在我因工作进展不顺而决定停职休息时的事儿。那时的我因为过分在意失误而对自己失去了信心，认为“自己什么都做不好”。有一天我进了一家咖啡店，坐定后点了一杯冰咖啡。不一会儿工夫咖啡就送过来了。当时我特别惊讶，也非常感动。你知道我为什么会这样吗?

我惊讶、感动的点有4个。

- 店员准确无误地为我下了单。
- 并准确无误地把我点的内容传达给了厨房的工作人员。
- 厨房的工作人员准确无误地为我冲好了一杯冰咖啡。
- 店员准确无误地给我端了过来。

你应该会觉得“这不都是理所当然的事情嘛”。的确，我也觉得这些都是理所当然的事情。但是，当时那个极其没有自信的我却是这样想的：“要准确无误地做好那些事……我可做不到！”当时的我连准确无误地做好一件特别简单的事的自信都没有。

现在想来，这件事就像是一个段子，但是，当时的我对于未来是完全不抱希望的，认为“自己恐怕无法作为一个社会人生活下去”。

虽然事情已经过去了10多年，但当时的惊讶和感动却依然铭记于心。从某种意义上说，那正是我不能忘记的原点。

CHAPTER 5

第 5 章

总是粗心大意、健忘

被犯错小妖缠住了……
勇者今天又在道歉。 ▼

5-0

为什么总是粗心大意、健忘

总是健忘，常犯小错误，而且同样的失败总在重复上演……上司已经无数次地对我进行了批评教育："下次一定要注意！"

好。我会小心的。其实我一直都很小心……

为什么明明很小心，却还是免不了会粗心大意呢？反过来说，**这正是为了不出错而谨小慎微所导致的**。

特别小心时失误的确会减少。但是，为了不出错而让精神长时间高度紧张，这样是很耗费精神的。

而且，对出错过于在意的人会经常为了"是不是忘了什么""有没有遗漏掉需要确认的事项"而战战兢兢，于是对自己的信赖感和自信都会一点点地被削弱。

容易忘事，注意力不集中的我们一旦犯了错，首先应该做的是在自己身边布好回避错误的"装置"。

不要试图成为一个不出错的人，而是要改变自己所处的那个容易犯错的生活环境和工作环境。首先要从改变自己的想法做起。

我（@福地翔太）不擅长外出，经常会因为丢三落四，或是忘记锁门而迟到。

譬如手机充电宝，这个真的经常会忘。于是我发誓"下次一定不会忘了充电宝”，并认真地把充电宝放入包里。本以为这样就能万无一失，没想到这次又把充电线给忘了，这让我后悔不已。正当我吸取教训，想着“如果把充电宝和充电线一起收起来，那就一定没问题”时，下次却是充电宝没有电……

为了不丢三落四，我会非常小心。可是无论我多么“小心”，还是会不断地在一些始料不及的地方重蹈覆辙。渐渐地我不再指望自己“终有一天能学会”从失败中吸取教训，而是**每次只要忘了东西，我就在《外出前的步骤清单》上添加一项**。通过添加“起床后给充电宝充电”“把充电宝放到包里”“把充电线放到包里”，我再也没有忘带过充电宝。

如果能像这样，只要犯一次相同的错误就修改一次步骤清单，那我们就不必再为“忘带东西”而紧张。虽然我已经对自己的学习能力不再抱有期望，但是，我非常信任自己精心做出的《外出前的步骤清单》。

只要不断改善外部环境，就能让一直以来为了避免出错而紧张不安的精神得到解脱，于是就能更安心、更愉快地投入工作。

5-1

健忘

把记忆交给电子设备

忘事是理所当然的。

索性借助工具来解决健忘问题。

视力不好的人不也是靠眼镜提高视力的嘛？这个也是一样。

请用电子设备来代替大脑记忆。

记事本、日程表等当然也可以，但还是电子设备最方便。

还没有用过的人不妨趁这个机会用用看。

代表性的电子笔记工具有Evervote。下面是它的几个优点。

1. 可以汇总

可以在同一个地方存储无限量的信息。并且，在手机和电脑上都能看到，非常方便。

2. 可以检索

即使只有模糊的记忆，也能迅速将其找到。

3. 可以编辑

可以简单地进行排序、语言置换、内容复制、图像插入，以及所有记录工作。

这样的电子笔记工具能把所有的笔记全都汇总到一个地方，包括步骤清单。这会让人产生“只要点这里就一定能找到”的安全感。而对这种工具的依赖程度越高，精神上就会越从容。

下定决心“绝不用脑子去记”

请不要自己去记，而是要借助电子设备的力量。

就像为自己的大脑装了一个外置硬盘。

重点

没印象就查记录。

5-2

因失误太多而沮丧

正因为有失误才做出了最好的步骤清单

我（@高梨健太郎）在公司的管理部门负责法务工作，主要内容是制定合同。有一天我弄错了合同当事人（甲、乙）的一部分信息，而且同一份合同竟然弄错了两次。

下面就让我厚着脸皮说一下整件事的原委吧。做生意本应该是把东西交给对方，然后从对方那里拿到钱对吧，而我写的合同内容却是把东西和钱都交给对方。这是作为法务担当最不该犯的错……

幸运的是，在把合同交付给客户公司之前主管人员指出了错误，并及时修改了合同内容，当然我也因为这件事挨了批评。明明很认真地在工作，可还是出现了纰漏，我的心情无比低落。

于是，我修改了制定合同的步骤清单。4是这次追加的内容。

制定合同

1. 从营业部领取合同
2. 填写受理表
3. 检查内容
4. 确认当事人（甲、乙）和条款编号的正误
5. 把合同返还给营业部
6. 将法务检查合格证明书发给营业部

只要做到这些，即使是注意力不容易集中的我，失误也明显少了很多。

正如第1章里讲过的，最重要的是要完全按照步骤清单来执行。一旦犯了错，就请加上一条防止出错的步骤。

只要养成了追加步骤的习惯，最后自然能做出一份不出错的步骤清单。

犯了错就要赶紧作出改善

请养成一犯错就赶紧“重写步骤清单”的习惯。

重点

不要努力消除错误。

5-3

错字、漏字多

朗诵全文

修改了很多次的资料还是会被指出有错字、漏字……对于有这样的烦恼的你，我（@福地翔太）最想说的是，**打字时出现错字、漏字是在所难免的**！每天要打很多字的我依然避免不了错字、漏字。

在过去那个手写的时代，因为书写速度慢，所以更易觉察到文中的错字、漏字。而到了现代，打字的普及虽然大幅提高了书写的速度，但是，人类的大脑自绳文时代[①]开始就没再有多大的变化，思考的速度也没有改变。

当思考的速度赶不上打字的速度时，错字、漏字就不可避免地出现了。既然这样，倒不如不去在意犯不犯错，而是试着去掌握一项查漏补缺的技能。

而查漏补缺的最佳方法就是朗读写好的文章。仅此而已。

你可以小声地朗读，也可以只动动嘴巴。总之，请试着将写好的文章诵读出来。一旦有漏字或错字，应该会在这个过程中察觉到。

并且，这个检查方法还**特别锻炼写作能力和会话能力**。朗读能加强人的语感，能让人更敏锐地察觉到文中不自然的地方，比如：这句话太长，助词用得有点奇怪，等等。

① 绳文时代：是日本石器时代后期，国际学术界公认，绳文时代始于公元前 12000 年，于公元前 300 年正式结束，日本由旧石器时代进入新石器时代。——编者注

另外，**朗读自己的文章其实也是对“说出自己想法”的一种练习**。不擅长与人交谈的人似乎都不太会表达自己心里的想法。用自己的声音读出自己的文章——这个方法能让人在与他人交谈时，更习惯将自己的想法用声音表达出来。

在朗读过程中能发现错误

发声朗读有这些好处：

- 发现错字、漏字，以及打字时的输入错误
- 察觉到文章不自然的地方
- 明白最适当的文章长度
- 提升会话能力
- 厘清自己的思路

重点

只要读出来，就能减少错误的发生。

5-4

输入错误

使用字典登录功能

说到失误，我想排名第一的当属输入错误和转换错误吧。

为了减少失误，我（@高梨健太郎）会尽量避免“自己输入文字”。

在这里电脑的字典登录功能是不可或缺的。我们可以把一些选词候补里没有，但又经常用到的生僻单词、罕见人名等作为一种固定表达登录进字典当中。

并且，只需输入最初的2～4个字符就能显示整个表达的这种登录方式可以省去很多打字时间，既省事儿又能防止出错。

尤其行业专用术语是最容易出现转换错误的。下面介绍一下我所登录的部分内容。

邮件开头的问候语、结尾的寒暄用语

“承蒙”：承蒙您的关照。我是××股份有限公司的高梨健太郎。

“您辛”：您辛苦了。我是高梨健太郎。

“以上”：以上，还请多多关照。

“匆匆”：匆匆问候一下您。

客户、关照过自己的人

“梅”：梅村综合法律事务所

“竹”：竹下老师

行业专用术语

“jiatai”：架台

“lianxi”：联系

其他

公司地址、电话号码

自己的邮箱地址和公司的手机号码

输入后不能马上转换出来的公司名或人名

其实我还登录了很多词，不过并不需要一次性登录很多。你可以**一点点地登录**，这样更能持之以恒。比方说一天登录一个。字典登录功能会让打字变得快速且准确，从而远离失误。

重点

尽量不自己输入。

5-5

记不住别人的名字和长相

通过“做笔记”“取绰号”“准备备案”的方式，克服所有困难

每个人擅长和不擅长的领域是因人而异的。记不住别人名字或长相的人大多会对人以外的东西抱有浓厚的兴趣，并且拥有比他人更多的知识。

可话虽如此，既然是在公司这样的组织里工作，那么记住客户的名字和长相无疑会让工作开展得更为顺利。

我（@福地翔太）在这里向大家推荐3个记忆人物的方法。

1. 在名片上做笔记。
2. 取绰号。
3. 为想不起来时准备好备案。

要在收到名片的当天就把对方的信息写在上面。只要把对方的脸部特征、说话内容等记录下来，就能很轻易地回想起对方来。

另外，最好在心里给对方取一个让人印象深刻的绰号。遗憾的是，往往越是对对方不敬的绰号，就越容易记住。但是与绰号相比，忘记对方会更加不礼貌，所以请堂堂正正地给对方取一个绰号吧！

当你无论如何都想不起对方时，就要事先找好能悄悄告诉你对方

一想到自己为了回想起对方的名字而绞尽脑汁的样子……

名字的同事，或者事先准备一些用于提问的句式，以便让自己在明知不礼貌的情况下也能开口询问对方。比如：“实在非常抱歉，我一下子想不起来了。请问我最后一次见您是什么时候来着？”诸如此类。只要手头有备案，就能在一定程度上消除与人见面的恐惧感。

在名片上做笔记是个好方法

记不住也没办法。请在今后会经常打交道的人，或是你想与之交好的人的名片上做点笔记或是写上绰号。这张名片应该会对你有用。

笔记：

- 有胡子
- 声音低沉
- 表情平和

绰号：

慢Boy

笔记：

- 黑框眼镜
- 三七分发型
- 喜欢甜食

绰号：

维尼熊

笔记：

- 齐刘海
- 有点男孩子气
- 好像在踢室内五人足球

绰号：

大和抚子

重点

放弃靠大脑来记忆。

5-6

弄错了日期和时间

只相信一手信息

我（@福地翔太）有日期错误恐惧症。特别是去国外旅行时，如果出发时间和到达时间的日期不一致，我就会无数次地对出发时间和日期进行确认。

基本上我是不会相信自己手写或输入的日期和时间的。在往谷歌日历上输入行程安排时，我会将写有确切日期和时间的信息源一同输入备忘录。比如这样。

- 与人有约时，我会把与对方的对话信息复制到日历备忘录里。
- 有活动安排时，我会把记载有日期和时间的活动申请页面的URL复制到备忘录里。
- 我也会把预约大巴或飞机的确认页面的URL复制到备忘录里。
- 收到的是纸质结婚典礼或同学聚会的邀请函时，我会用手机拍下一张照片，并在日历上写上“已拍照片”。

因为我的这种记录习惯，所以只要打开谷歌日历，便能随时确认“绝不会出错的行程”。

然后，一定要在约定的前一天或者当天进行再次确认，检查一下有没有弄错。

到了约定的地点之后才发现约定的不是今天。

但是即便如此，我还是会对自己管理日历这件事儿心生恐惧。所以，我会和公司的伙伴或是和另一半共享自己的谷歌日历。

如果日历中出现了奇怪的安排，与我共享信息的人会帮我指出来，于是出现错误的概率就会进一步降低。

另外，为了以防万一，我甚至会在约定的前一天或者当天给对方发信息："明天 × 号，× 点见哦，真心期待与您的见面。"

因为我发现以前自己在收到这样的信息时会特别高兴，这样做还可以和对方确认日期正确与否，从那以后我也开始效仿这种做法。

重点

不要被自己的笔记欺骗。

5-7

总是丢三落四

要提醒自己但不要自我打击

我（@高梨健太郎）总是会忘带东西。上小学的时候，我的父母基本每天都得和班主任赔礼道歉："下次我们一定好好叮嘱，让他别忘了带东西。"在过了将近40年后的今天，我终于找到了解决丢三落四这个问题的对策。

对于近乎被"东西"淹没的我们来说，最重要的不是"增加东西"，而是要懂得"舍弃"。如果即使做到了这一点但还是总会忘东西的话，那么，我想推荐下面这两个方法。

- 物归原处
- 一笑了之

首先来讲讲"物归原处"。在我的房间里有一个特别的"箱子"。回家后，我会把钱包、眼镜布、钥匙、月票放进箱子里，出门时再把它们从里面拿出来。只要**每天把规定的东西放在固定的地方**，那么丢三落四的情况就会减少。

然后来讲讲"一笑了之"。我总是抱着**"太棒了！一切完美"**的心态出门的。即使因为忘带东西而返回家拿，我也都会看着手里忘带的东西一笑了之：**"这样就更完美了！"**然后再次出门。

"丢三落四"和"迟到"可真是一对铁哥们（哭）。

也就是说，关键就是不要否定忘带东西的自己。

正如博若莱酒[1]的评论介绍——“目前为止最完美的作品”“十年一次的完美佳作”等，写法真是多种多样（笑）。

而我最擅长的就是，将失败付诸自嘲式的一笑，绝不做无谓的自我打击。

容易忘掉的东西

经常会忘的东西，经常在找的东西。

首先请每天将这些东西物归原处。

重点

建立一个“不会忘记”“不会沮丧”的机制。

---

① 博若莱酒：是一种叫佳美（Gamay）的葡萄酿出来的，它属于淡酒，不耐久存。每年 11 月的第三个星期四，是法国政府规定的“博若莱酒”上市日。——译者注

福地翔太的失败谈

黑历史之单词本

也许是因为我记不住别人的名字，或者是记住了也会马上忘记的缘故，我的朋友并不多。

我上大学那会儿，就曾因为记不住同班同学的名字而特别痛苦，于是，我把每个人的名字、特征，以及和对方聊过的内容都写在了单词本上，并且每天都会随身携带。另外，在闲谈的时候，我会因为不知道名人的名字而听不懂大家在说什么，而且我对大家提到的东京的地名和站名也是一概不知，于是我把名人的名字、地名、站名等也都写在了单词本上，并想要努力地记住它们。

那时候我只要一有空就会翻看单词本。也正是在那个时期的某一天，我把本子忘在了教室里，结果被同学看到，班级气氛一下子变得极其尴尬，就好像地狱一般。

从那以后我下定决心：再也不手写那些被人看到会特别尴尬的东西了。

现代社会智能手机的出现让人不用再为这种事情而担心，但是偶尔我还是会手写一些绝对不能给别人看的东西，这样做能稳定我的情绪。譬如，我会把心中那份对人的爱慕之情一股脑地写在A4纸上，然后再将它或撕碎，或焚毁，或用水浸湿后揉成一团扔进垃圾堆。

话说，当时那么努力记下的朋友的名字和东京的地名，现在几乎都想不起来了，真的是非常遗憾。

CHAPTER 6

第 6 章

无法专注

回过神来才发现自己正在网上冲浪，
或是在想别的事情……
勇者今天又分心了。 ▼

6-0

为什么无法专注

为了能让自己专注，我（@福地翔太）几乎尝试了所有的办法：冥想、放控制脑波的背景音乐、咖啡因，还有让头脑清醒的香草茶，等等。它们确实也有一定的效果。

但是经过长期反复试错，最终我才发现其实自己完全没有看清这个问题的本质。

专注力就好似谈恋爱。如果是特别喜欢的人，即使你们之间困难重重，也不会影响你对对方的痴迷。但是如果是一个你不喜欢的人，那么无论在多么高级的地方约会，你也无法喜欢上对方。

专注力也是一样。

即使创造了完美的环境，**也很难专注在一件丝毫不感兴趣的工作上**。

而曾经那个希望自己做什么都能专注的我，就好像是希望自己随随便便就能喜欢上任何一个人一样（只是比喻，原则上还是工作上的事）。

另外，恋爱也有这样的情形：会因为偶尔的一次单独相处，而对一个完全不起眼的人产生好感。这就是环境对人的情绪的影响。

当然还有随着了解的加深，慢慢就喜欢上了对方的情形。比如座位离得近，或是一同参加社团活动等。

专注力也是一样。也就是说，无法专注并不是你的专注力不够，而是源于下面两点中的某一点。

- 环境欠佳
- 不太了解对方（工作）

创造适合工作的环境指的就是选择**适合工作的场地和时间**。

比如，请尽量把需要认真思考或是创意灵感的工作放在清晨或上午处理，并选择一个能让人静心思考的场地。至于那些做起来得心应手的简单工作，请把它们放在下午容易犯困的时间段处理，并且要把工作场地选在比较热闹的地方。

接下来就是要充分了解对方（工作）。如果对工作的具体内容不甚了解，就不会对工作充满热情，也就不可能专注在工作上。

需要多长时间才能做完？需要哪些资料、知识和技能？谁能给出建设性的意见以推动工作顺利展开？工作要按什么样的步骤走？

首先请像上面这样**把握好工作的整体情况**。这个过程对提高工作上的专注力至关重要。

6-1

无法专注①

弄清现状，拥有掌控感

虽然手上已经积压了很多不知进度的工作，但是新的工作依然如雪片般纷至沓来。

“今天的任务又没完成。明天还会出现大量的新问题。这可怎么办才好……”基本上每天都是揣着这样的不安匆忙赶着末班车回的家。

我（@高梨健太郎）也有过这样一段时期，就连旁人都能一眼看出我精神涣散的工作状态。

人们对于未知的东西总会抱有恐惧和不安，这正是无法专注的原因之一。

有一句成语叫“疑心生暗鬼”。说的是本以为周围有可怕的幽灵，仔细一看才发现那些不过是枯芒草而已。这个成语告诉我们——**只有“了解”才能拂去心中的不安和恐惧**。而“了解”正是“专注”的第一步。

那么，工作上应该了解些什么呢？

1. 都有些什么工作？量有多少？
2. 现在具体应该做什么？
3. 哪些工作处于停滞状态？

而在制作步骤书的过程中，自然就能弄清楚这3点，于是就能从中获得对工作的掌控感，感觉就好像**一切尽在自己的掌握之中一样**。

获得了掌控感后，安全感也会应运而生。

这样就不会再走神，而是能放心地把精神集中在工作上。

绘制“一切尽在掌控之中”的蓝图

当你设想所有的工作都在自己的掌控之中时，专注力的开关就会由此开启。千万不要让工作牵着鼻子走。

重点

工作要由自己掌控。

6-2

无法专注 ②

制定流程，轻松应对

放松是提高专注力的方法之一。

它不单指躺在沙发上边吃零食边看电视的闲适，还包括身体释放紧张情绪后所呈现出的“来吧，来什么我都不怕”的无畏。

据说原职业棒球选手铃木一郎早上一定会吃咖喱，在走到击球位置后一定会做一个固定动作。这些对铃木一郎而言就像是**一套让身心放松、专注力提高的仪式**。

如果你也有一套属于自己的流程仪式（工作版本），那么工作起来就会更加放松，更为专注。

而属于我（@高梨健太郎）的流程仪式就是将每一项已经完成的工作从单子上删除，然后写下新的步骤书。

每一场仪式都让我非常陶醉。这是最棒的放松时间。

“我竟然把这些都做完了”的那种自豪感，“接下来要做什么步骤书里都写了”的那种安全感。

正是有了这些，我们才能毫不畏惧，全神贯注地投入工作。

请大家务必体验一下把最能让自己放松的事情当成流程仪式来做的感觉。

关于流程仪式的点子

请安排一些能按自己的时间举行的流程仪式，比如在开始工作之前，或是短暂的休息期间等。

转换一下心情能让自己轻松很多。

喝咖啡

吃甜品

散步

做体操

熏香

看喜欢的视频

重点

放松是专注的第一步。

6-3

爱管闲事

现在我的眼里只有你（工作）

假设在车站检票口川流不息的人群里，有两个人正在深情对望。那么他俩一定是看不见周围人的吧，因为此刻的他们正处于“我的眼里只有你”的状态。

如果工作时也能做到“我的眼里只有你”，那就能专注地开展工作了。

要想专注于一项工作，必须具备以下条件。

- 有具体的工作。
- 相信自己一个人可以胜任。
- 有一个让自己专注的环境。

假设要做一份有关新产品企划的内部资料，那么步骤清单应该是这样的。

新产品企划发布

1. 总结新产品的3个优点
2. 制作PPT
3. 在会议上发布

那么我们首先要总结出新产品的3个优点对吧。

但如果与此同时你还想着“PPT要怎么做”“发布会顺利吗”等问题，那么你的专注力就会大打折扣。就好像恋人的眼里不仅有“你”，还有其他很多人一样。

因此，要故意只让自己看见现在该做的步骤，而这样的方法有很多。

在一张大便签纸上写上“总结新产品的3个优点”，并将它贴在醒目的位置。其实写在手上也是个很不错的方法。

也可以将写有“新产品的3个优点”的Word文档设置成电脑的全屏桌面。

总之，就是要让自己只能看见现在该做的步骤。

当你无法专注时，请务必试试这些方法。请不要对其他步骤、其他工作见异思迁哦！

为了让自己专注于一件事

① 把它写在便签纸上，并贴在醒目的位置。

② 告诉周围的人。

③ 反复念叨。

重点

只要看一个就好了。

6-4

容易受到噪声干扰

试着改变环境

你是不是很容易受到周围闲谈声或噪声的干扰？

为员工提供一个舒适且易于专注的环境——这是公司义不容辞的责任。但是，**环境适应力**的养成也是必需的，因为以后不管去什么职场，它都能派上用场。

比如打电话时，耳朵既会听到电话另一头的声音，也会听到邻座传来的说话声。我们的注意力是分散的。

如果打电话时周围大声回荡着“这个怎么办”“那个嘛……”“嗯？听不见！”“所以——啊”等声音的话，我（@高梨健太郎）会不留情面地用手指堵住另一只耳朵。

当然，在这样做之前，我会提前告知大家“听不清电话时我会塞住耳朵”。

这看似不过是一个微不足道的举动，但是，做与不做的结果却是截然不同的。

当然，我还有其他提高专注力的方法。

比如预约一间会议室，可以自己一个人在那里工作，也可以和同事一起去那里讨论工作。

还可以反其道而行之，特意去嘈杂环境，在声音的掩盖下将自己的想法一个个地小声念出来，这样能提高专注力。还有些人甚至会把要看的资料打印出来，捧在手里出声朗读。

另外，切换一下工作内容，做一些不动脑筋就能做的简单工作也

我对声音极其敏感。

是一个不错的方法。

如果尝试了这么多方法还是不行，你还可以选择痛快地放弃。不妨先去卫生间稍作休息或是去咖啡厅买杯咖啡。转换了心情后没准就能集中精神了。

我们谁都没有随意调控自己专注力的超能力，所以请认真地创造一个能让自己专注起来的环境吧！

噪声屏蔽攻略

公司不同，可以做的和不可以做的也不尽相同。

所以，请从可以做的开始尝试吧！征求自己信任的人的意见也是可以的。

戴消音耳塞

戴耳机

打电话时，用手指将一只耳朵塞起来

换地方

出声朗读

做一些不用动脑筋的简单工作

重点

没办法，噪声是不会消失的。

6-5

想让专注力持久

试着实况转播自己的一举一动

学生时代的我们仿佛戴了高性能降噪耳机，无论班里同学如何吵闹、搭话，我们都不会受到干扰，眼里始终只有喜欢的那个人。

可想找到如此有魅力的工作绝非易事。不过没关系，我这里有一个可以发挥出降噪功能的好办法，那就是**实况转播自己的一举一动**。

“哇哦，高梨健太郎选手现在要去厕所了！”
“现在他正准备回办公室。”
“大魔王回信啦！这下可以向对方下单了！”
“现在高梨健太郎选手好像要离座休息去了！”

当听到播音员说“选手已经把手搭在拳击台的围绳上了”时，观众就会自然而然地把视线投向搭在拳击台围绳上的那双手。

工作也是一样。请试着**用语言将自己的工作和行动描述出来**。

就算不像拳击赛播音员那样正儿八经地说，

“开门了。”
“走向了自己的座位。”
“现在正在写邮件。”

只要能像这样，在大脑里进行实况转播便是一种很好地提高专注力的练习方式。

提高专注力的练习

我们的注意力很容易被别的事物吸引，这是没有办法的事。当你察觉到自己的注意力正要转移时，请像念咒语一样念出“现在，我正在做××”。

重点

试着把注意力转移到“现在”上来。

6-6

什么时候能专注

弄清楚易于专注的时间段

我（@高梨健太郎）最专注的时间段是“早上”。

我会把需要动脑筋的工作或是容易出错的工作等放在早上或上午来处理。

一般来说，早上是最能集中注意力的时间段，不过也不是人人都如此。比如有些人会说“上午我整个人是蒙的”，或者有些人会觉得“不知为何自己一到傍晚就跟上了发条似的干劲十足”。

专注的时间段是因人而异的。

只要你觉得自己一天当中“现在注意力特别集中”，那就请赶紧把以下几点写下来。

- 时间段
- 地点
- 所做的事情
- 心情

我们能从这些记录中找出自己专注力的生物钟。

令人不可思议的是，如果能按照生物钟来安排工作内容和顺序，专注力就能得到提高。

像我的话，上班前在公司大楼的一楼咖啡厅的小憩时光便是我专注力最集中的时间段。

以前的我只要一上班就会条件反射似的拿起被催得很紧的工作和一眼就能看到的工作，以及容易处理的工作。

结果那些需要动脑筋的工作和容易出错的工作每天都会被我不断地往后推。

于是，只有等到渐感疲倦的傍晚才有时间去处理这些最需要集中注意力的工作。可以说，我是在为自己创造容易出错的工作环境，并且犯了错以后还得自行修复。

就这样，我陷入了一种慢性的长时间加班状态。

而现在，我会结合专注力最集中的时间段来合理安排每天的工作。这样做让我现在基本都能按时回家，和以前那种以加班为前提的工作状态是截然不同的。

正在为“工作进展不顺利”而烦恼的人啊，请**留意一下自己注意力最集中的时间段吧！**

说不定只要改变工作顺序一切就能顺利开展。

重点

自己什么时候注意力最集中？

6-7

因过度专注而疲惫不堪

构建防止过度专注的强制性机制

对一件事情的过度专注会让人无暇顾及其他，甚至还会废寝忘食。

另外，过度专注必然会让人疲惫不堪，甚至还会影响到身体健康。我（@高梨健太郎）差一点就被击垮了。

老实说，**人其实很难调控自己的专注度**，倒不如索性构建一个防止过度专注的强制性机制。

我现在在一家就业援助事务所担任兼职讲师，每周去一次。我会拜托那里的工作人员，让他们时不时过来问我一下："是否需要休息？"

在收到对方提醒后我才会察觉到："嗯！这么说我好像确实有点累！"像这样，**让第三者来打断自己**也是一个很不错的办法。

如果想由自己来打断，那么我们能做的就是将定时器设定为"25分钟专注""5分钟休息"，并如此反复。闹钟铃声会强制性地打断你，这个方法被称为"番茄时间管理法"。

另外，"细化步骤清单里的步骤"也颇有效果。比如，把需要花费2个小时的工作细分为几个15分钟左右的详细步骤，做完一个步骤刚好告一段落，于是停下来休息一下也无妨。

通常来说专注是件好事。那些因无法专注而苦恼的人也许还会“羡慕”能过度专注的人。

但凡事都得有个度。弦绷得太紧会断，过度专注会影响身体健康，让人心力交瘁。所以我特别推荐的是，拜托外人强制性地打断自己。

请别人过来打断自己

过度专注会让人身心俱疲。建议你找一个外人来提醒自己休息。即使你觉得自己还能坚持，但殊不知你的身体早已发出了哀鸣。

重点

高度专注是一把双刃剑。

高梨健太郎的失败谈

出租车

明明坐电车只需花几百日元，但是有一段时间我情愿花1万多日元也要打的回家。

我当时上下班必须在新宿和涩谷这两个大站换车，而我却无法忍受换车时的拥挤混乱。虽然早上还能正常坐电车上班，但是，到了晚上工作结束后我实在是受不了。

也许我精神上的疲惫就是从那时开始累积起来的。现在想来，那应该就是身体发出的危险信号吧！但是，当时的我只顾着处理眼前堆积如山的工作，而忽略了自己的健康。

那时的我出现了一些多动症的“并发症症状”，原本理所当然能做的事情却怎么也做不好。我因此收到了负面评价，并出现了抑郁症状，其中之一就是正常情况下肯定不会做的“坐出租车回家”。

即使自以为能做出正常的判断，殊不知在不知不觉中也会失掉正常的判断力。在出租车里我想的也不过是“反正努力工作了，给自己一点奖励也无所谓”。

那时的我丝毫没有察觉出自己的变化，一切都是那么自然。现在的我必须时刻保持警惕，因为那时的症状随时都可能复发。

CHAPTER 7

第 7 章

不擅长整理

勇者的桌子今天依然杂乱无章……
桌子越来越乱了哦。 ▼

7-0

为什么不擅长整理

我（@福地翔太）的书桌上总是摊放着各种各样的东西，比如消音耳塞、零食袋子、眼镜布等。

其实我无比憧憬自己能有一张井然有序的书桌，为此我还读了很多关于整理、整顿的书，可遗憾的是，我的书桌依然是那么的凌乱不堪。

可就是那么邋遢的我，现在却一点都不害怕收拾整理。

为什么会这样呢？在说明原因之前，我想先来说说为什么会凌乱不堪。

请设想一下这个场景。

书桌的一角摆放着“上次开会时发的资料”。虽然觉得这些资料已经没有用了，但又怕以后还能派上用场。如果不能扔，那就要把它放在抽屉里好好保管起来。但是现在抽屉里面乱七八糟的，得整理一下抽屉才行……

想到这里你是不是又会觉得“收拾起来太麻烦了”？

“现在还有别的事情要做，这个等会儿再说吧。这些资料姑且就这样先放着吧。”

东西之所以会乱成一片，正是这句“这个等会儿再说吧”惹的祸。如果一发现乱放的东西就能马上收拾，而不是等以后再说，那就不会有乱成一片的情况出现了。

但是，但是！道理全都懂，但还是不能及时将用完的东西收起来。用完的剪刀被搁在了原地，看完的文件依然摊在桌面上，看上去就像一场被延期的大游行。

终于，我彻底死心了，因为我知道自己的大脑回路是不会变成“用完立即收好”的。

从那以后，我不再要求自己用完就收起来，而是**往日常流程里加入了“整理时间”，好让自己养成每天整理一次的习惯**。

这个“整理时间”可以是每天整理5分钟，也可以是每天收拾5件桌子上的东西。只要做到这些，就算完成了当天的任务！

“拖延着没整理”——对于这个大家都有罪恶感。

但是，如果稍加收拾，那么再乱的桌子也变成了“正在收拾的桌子”，于是就能让自己一点点地从罪恶感中解放出来。

这一章我们要介绍的都是无须花费大量时间，只要每天做一点就可以的工作方法。

“正在整理”是一种从“必须得整理”的压力中得以解放的状态。请在每天的尝试中尽情享受这种状态带来的快乐吧！

7-1

认为自己不擅长整理的意识太强

在整理物品之前先整理思绪

上小学时，我（@高梨健太郎）非常不擅长整理、整顿，甚至还一度发生过一只袜子从课桌里掉出来的囧事。

而我的公司办公桌现在却整整齐齐的，但是，我并不是在长大之后突然改变的。

证据就是，我家里的房间现在仍然是只要一不留神就会变得凌乱不堪……话说几天前就开了盖的瓶装茶依然摆在原地。到底二者的差距是什么呢？

其实我公司的办公桌以前也一直都是乱七八糟的，可自从开始写步骤书，办公桌上的东西就逐渐消失了。

虽然没有科学依据，但我总觉得“大脑中的思绪”和“整洁度”是联动的。也就是说——

已经在大脑中把工作整理好了。

↓

工作环境自然就整洁了。

我想二者之间应该是存在这样的关系的。

可以说桌面就是大脑的一面镜子。**当你觉得“桌子乱糟糟的”，也许正好就是整理思绪的好时机**。

不要一觉得脏就急着去整理，请先整理一下思绪，然后试着做一份步骤清单。这样做会让整理速度出乎意料的快。

请先整理思绪

只要整理好了思绪，自然就知道“哪些是必要的东西，哪些是不要的东西”“东西应该放在哪里，或是应该收在哪里”。

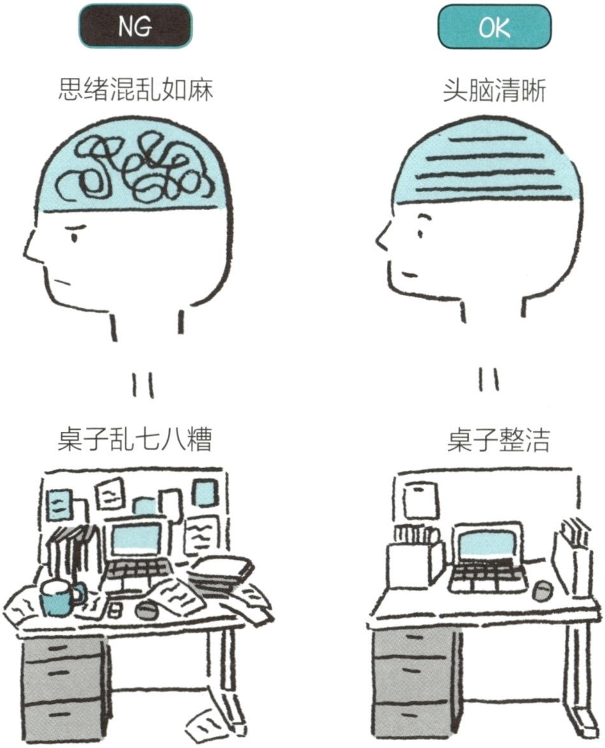

重点

大脑和桌面是联动的。

7-2

一想到收拾就头大

制造紧张感

“催得越紧越想做”，这就是人类的心理。虽然不是职场上的事，但还是想说一下，我（@高梨健太郎）正是利用了这个心理，才达到了普通人的整理水平。

在我的房间会看到这些东西：

- 这本书稿的复印件（2个月前的东西。现在已经不看了）。
- 昨天吃完冰棒剩下的棍子和袋子。
- 不知从何而来的金属零件。
- 面向墙壁摆放着的看不见表盘的时钟。
- 落满灰尘的青竹踏板。
- 拉面免费换大份的优惠券。

这些都是通过“扔”“收”“改变朝向和位置”就能马上解决的问题。但是即便如此，从我的经验来说，鼓足干劲、一步到位的做法是不值得推荐的。因为人在鼓足干劲把事情全部做完后，往往会认为“已经做了这么多，暂时可以休息一下了”（心理学上称为“道德许可效应”）。

因此，接下来就该轮到“制造紧张感”登场了，也就是**故意每次只做一件事**。比如，“只”把冰棒的棍子和袋子扔进垃圾桶。你是不是觉得还能再多做一点？但是，请忍住不要做。因为这会让第二天想要再多做一点。而重复“每天只做一件事”的结果就是，即使有点乱了，也会及时将它收拾干净。

我在公司也同样试着这样做了，不可思议的是竟然把东西都收拾好了。虽然我依然对“收拾”这个词抱有抵触情绪，但至少可以最低限度地做到将自己的东西整理好。

不用全都收拾完

即使还想做，也要留到明天再做。

只有一张纸

碎纸机

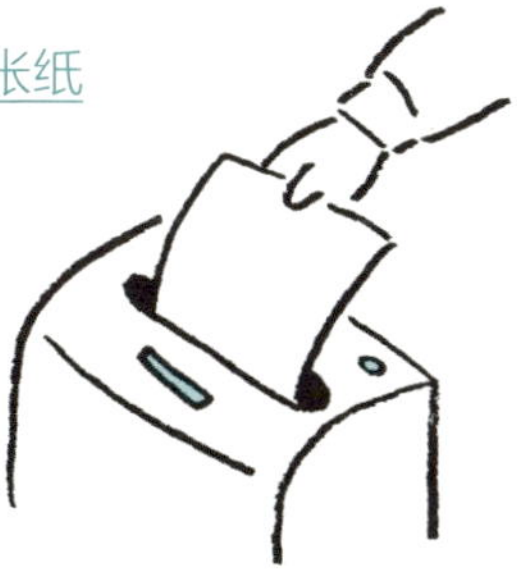

只有一本书

放回书架

只有一个箱子

将它清空

只有电话

擦电话

重点

不放过那些“只有”。

7-3

包里永远乱七八糟

当一个“包包检察官”

你的包会不会“一不留神就乱成了一团”?

不经意间塞入包里的收据，忘了投递的明信片，融化了的糖果或巧克力，等等。以前我（@高梨健太郎）的包总是鼓鼓囊囊的。

但是，不知为何，能把东西收拾得井然有序的人，他的包总是很轻巧的。

反之，不擅长整理的我一直都有这样一个疑问：“为什么我的包总是鼓鼓囊囊的?”要知道包是不会自己鼓起来的，所以答案很简单，这是我**下意识地把所有东西往包里塞**所造成的。

不过我现在上班用的包不再鼓鼓囊囊。

而我只是做了一件事，那就是当一个“包包检察官”。

也就是，在往包里放东西之前我会向自己提问：“**这个真的有必要放入包里吗**?”

看到是购物小票时，就要提醒自己“回到家一定要拿出来”。

看到是明信片时，就要把它装在口袋里，以便经过邮筒时可以顺手投进去。

看到是零食时，就把它扔掉或者吃掉。

当然，肯定会有忘了拿出来、忘了投进邮筒、忘了扔掉的时候。

最重要的就是只要养成留意所放物品是什么的习惯，就能提高自己对不该放入包里的东西的感知能力。

真的要把那个东西放入包里吗？

在往包里放东西之前，请斟酌一下你是不是真的要把那个东西放入包里。这个举动瞬间就能完成。

虽然刚开始会很难，但是，渐渐地你就会有不往包里放的勇气。

NG

不管三七二十一，先放进去再说！——包就是从这时候开始乱的。

OK

在反复问自己“这个真的需要吗”的过程中，对不该放入包里的东西的感知能力就会提升。

重点

知道包并不是一个四次元口袋。

7-4

不擅长给文件和数据分类

有效利用“其他”

“请将文件和数据好好分类，并予以妥善保管。”这句话说起来简单，但越是认真的人，实际操作时遭遇挫折的可能性就会越大。

以前，我（@高梨健太郎）的目标是“把所有的文件和数据都分别放入对应的文件夹里”。

但是，当碰到与现有文件夹不匹配的东西时，我就会因为不知所措而放弃继续整理。

假设原本有一个“asukl备品订购”文件夹，平时都在asukl上购买公司的内部物资，但是偶尔又在亚马逊和monotaro上买了东西。

在亚马逊和monotaro上买了备品

↓

像往常一样把购买数据放入“asukl备品订购”文件夹……

↓

放不进去！怎么办！

↓

高梨健太郎疯了！

假设创建了“亚马逊”和“monotaro”这样两个新文件夹，那么以后就会出现更多这样的文件夹。

能在这种时候，特别是能在管理数据时派上用场的**就是“其他”这个分类，可以将那些不从属于其他类别的东西都划入这个类别里**。像上面那个例子，我们可以设置一个“其他备品订购”的文件夹，把亚马逊和monotaro的购买数据都放入其中。

这下你可能会想了，这样会不会导致“其他”这个文件夹混乱不堪呢？

请放心，即使变成那样也没关系。

其实“其他”这个文件夹就是在明知它会乱的前提下建立的。如果想找里面的东西，**那就在文件夹里检索就可以了**。具体方法请谷歌一下“文件夹内检索”。

不要试图将所有的东西都完美分类，做一个“其他”文件夹让自己轻松一点吧，这样会让整理工作做得又快又好。

重点

不追求“完美的”分类。

7-5

仔细一看才发现到处乱糟糟

添一个“收好·关闭”的步骤

邋遢的人有一个共同之处。

“拿出东西→使用→收起来（扔掉）”里的“收起来”这一步他们是不会做的。

“打开文件→使用→关闭文件”里的“关闭文件”这一步他们是不会做的。

也就是说，**一旦把东西拿出来就再也不管了**。

我（@高梨健太郎）在用电脑时，经常会不知不觉地打开很多Excel文档和网页。

我好像很喜欢点开自己感兴趣的东西，但又没有看完就随手保存或关闭的习惯。

之所以会这样，是因为**我认为工作到“用完”这一步就算完事儿了**。但是，其实工作和到家才算结束的郊游是一样的，只有“把用完的东西收好”“把打开的文件关掉”才能算工作结束。

为了能让自己有意识地“收好·关闭”，请不要怕麻烦，一定要“（把用完的东西）收好”“（把文件）关掉”。

这样就不会再用完就不管了，而是能把东西物归原位，以便开展

打开的网页太多，结果死机了。

下一个工作。

在开展下一个工作之前

请试着往工作步骤里加入“收好 · 关闭”这个步骤，稍微多花点工夫结果就会截然不同。

上网检索
+
关闭网页

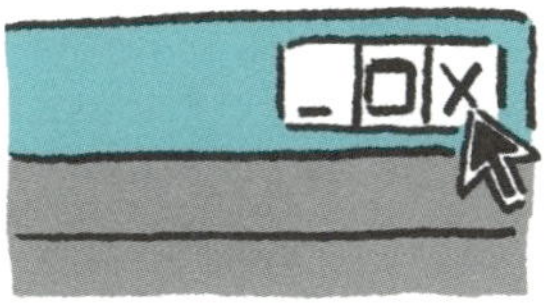

创建数据
+
保存并关闭

看完文件
+
扔掉或将它PDF化

开完会
+
关灯关门

重点

喂，你都关上了吗？

7-6

舍不得扔东西

制定扔东西的标准

不舍得扔东西的我（@高梨健太郎）扔东西时的心路历程是这样子的：

“这个是扔还是留？”

↓

为**不知该以什么为判断标准**而烦恼

↓

“总觉得还是把它留下来比较好……”

↓

东西舍不得扔，于是越积越多……

↓

“啊……”

说得极端点，如果能全部扔掉，那就什么问题都没有了。但事情哪有那么简单对吧。

因此，请将判断的底线设为“是不是无论如何都不能扔”。

“能不能扔”与能力或努力无关，而是**有没有扔/不扔的判断标准**。

为了在扔的时候不被自己当下的心情左右，首先**要定好自己的判断标准**。

而我是这样做的。

①眼前的东西或数据与正在做的工作有关吗？

YES → 前往问题②

NO → 如果是公司内部共用的物品或数据，那就让它物归原位，否则就将其扔掉。

我把“也许某一天能派上用场”的东西基本都扔了，因为根据我的经验，那个“某一天”应该是不会到来的。

② 公司里有没有同样的东西？

YES → 扔掉

NO → 前往问题③

比方说，为别人做的数据，一旦发给对方就马上从自己的桌面或文件夹里删除，因为你的发件箱已经保留了同样的数据。

③ 它是数据？还是可以数据化（PDF）的东西？

YES → 将其保存在共享文件夹或云上

NO → 前往问题④

如果对方把纸质文件交给你并对你说，“请保管好这份文件”，那么请将其扫描，并只对扫描后的数据进行保管。而原文件或退还给对方，或在确认对方不需要原文件后，将其投入碎纸机。

④ 能否放在公司的公用柜里保管？

YES → 放入公司的公用柜

NO →（不得已）放在自己的办公桌或者抽屉里予以保管

请把自己设想为一台一切行动按照扔东西的判断标准来定的机器人吧。

重点

抱着“如果可以，想全部都扔掉”的心情。

高梨健太郎的失败谈

文件山

我不擅长整理，所以我现在也会尽量不在办公桌上摆放太多东西。可以说办公桌上那些堆积如山的未处理文件，正是带给我心灵创伤的渊薮。

在堆积如山的文件中翻找的手指会让我联想到痛苦的过去。就是当有人对我说“高梨健太郎，那个工作你还没做吧”时，我一边嘀咕“不会吧，应该已经……”，一边在文件堆中用手指翻找文件。

因为当我带着“希望能在这一堆东西里把它找出来”，以及“不，千万不要找到”的纠结情绪逐一查找时，最终我都会无比沮丧地从中找到那个早已过了截止日期的工作。

找文件时，这种纠结的情绪会快速闪过我的脑海，就好像“巴甫洛夫的狗一样”。虽然伤口会随着时间的流逝而愈合，但每次一遇到同样的情况我都会不知所措。

当然也有把电脑摆在多座文件大山之间，却每天都能精力充沛地投入工作的人。只要内心足够强大，不至于为这些而焦虑，那就没有问题。

但是我并没有这么强大的内心。准确地说，我的内心就像豆腐一样脆弱。为了不让自己焦虑，我会尽量不让文件在自己的办公桌上堆积如山。

CHAPTER 8

第 8 章

不擅长沟通

最可怕的怪物可能就是人类。
不善言辞的勇者今天又头疼了。 ▼

8-0

为什么不擅长沟通

以前在餐厅打工的时候，我（@福地翔太）会因为失误太多而经常惹怒店长和前辈。为了不挨骂，我拼命地讨好所有人，但是这样做让我很痛苦。尽管如此，最终我还是会因犯错而被骂，真的有一种哑巴吃黄连的感觉。

反观其他职场，有的人一天到晚都绷着一张脸，态度冷淡而简慢，但周围的人却能接受他，认为“他虽然看上去冷冰冰，但其实是个好人”。之所以会这样，正是因为他的工作业绩非常好。

不得不承认，对工作而言，**完成预期任务的工作能力比沟通能力更为重要**。

从那以后，每当我为工作上的人际关系以及沟通问题而烦恼的时候，我就会去思考：“**这真的是我沟通能力上的问题吗**？”

于是我的心情会变得轻松一些。比方说：

“与其说这是沟通能力上的问题，不如说是语言表达上的问题。”“这应该不是沟通能力上的问题，而是安排得不好吧？”

从零开始培养沟通能力是非常难的，它的难度与改变性格不相上下。

倒不如把原因归结于“我还没有完全掌握好工作上要求具备的技能”，因为学习技能比改变性格要简单得多。

另外，要想解决人际关系上的烦恼，就要分清楚究竟是“对方的问题”，还是“自己的问题”。心理学家阿德勒称为“课题分离”。

比方说，工作上有事情想问上司，但又因为害怕易怒的上司而不敢过去搭话……这是爱发脾气的上司不对，而绝不是不敢上前搭话的你不好。

工作上本来就没有必要去讨好那些不讲理的人。如果有必要，不妨鼓起勇气向上司的上司或者相关领导反映情况，实在不行还可以选择离职。

在你完全将对方和自己的问题分离开，并且集中精力把自己该做的事情做完后，这样的勇气自然地就会涌现出来。也许你认为“这一步是最难的”，是的，我也这么认为。所以我们到现在也很难跨出这一步。

在这一章，我俩会根据自己的过往经验，向大家介绍只需些许勇气就能让沟通顺利进行的工作方法。

8-1

不知何为“心照不宣的事”

不知道也没关系

首先我的观点是：不知何为“心照不宣的事”是理所当然的。因为**工作只有在被具体化之后才会有价值**。

我（@高梨健太郎）不擅长理解抽象的内容，常会因自己的随意曲解而把话题带偏，以至于无数次地被人纠正：“不是你所说的那样……”

因此，如果对方说的话模棱两可，我一定会问：“**具体怎么说？**”

比方说，工作中经常使用的“确认”一词。

如果对方只说了一句“邮件已发送，请确认”，我们往往听完一头雾水：“是想让我确认什么？”

“你确认过邮件了吗？”

“是的，已经看了。”

“怎么样？”

“怎么样？……你指的是哪方面？”

“我想问的是有没有错的地方！”

“啊！原来你问的是这方面啊?!”

虽然这个例子有些极端，不过如果换作是我，我首先一定会问：“确认完是否需要回复？”

人在没听懂的时候会精神紧张。

即使这样做可能会让对方觉得自己很麻烦，但还是请进行具体确认。

从结果来说，这样做可以防止双方在理解上出现分歧。

模棱两可类词语一览表

模棱两可类词语是问题产生的根源。为了能尽可能正确地理解对方所说的话，请试着将语言具体化。

请确认。 ↓ 确认什么？ 期限是？	早点开始 ↓ 早多少？
在老地方 ↓ 老地方是哪里？	请多一点。 ↓ 多一点是指多少？
请尽快 ↓ 截止日期是？	周五之前提交 ↓ 是周五？还是周四？ 如果是周五的话，是下班之前？ 还是23:59之前？抑或是周一上班之前也可以？
好好地，准确地，大致地 ↓ 什么程度？	把那一块好好总结一下 ↓ “好好总结”指的是怎样一个好法？

重点

喂，你都关上了吗？

8-2

被指出“不知道你在说什么”

拟定标准化开场白

工作汇报才刚开始，上司已经略带几分不悦。等说到一半的时候，上司震怒:“你究竟想说什么?”

一旦惹怒了上司，我（@高梨健太郎）那一整天便再也不敢靠近他。

对方之所以会生气，是因为我从一开始就在讲细节。没有铺垫的对话需要对方花更多的时间去把握要点，这会让对方感觉到压力。

职场上的交流大多是**报告、联络、商量**，所以大家不妨事先准备好一段进入详细说明之前的“开场白”。

我想和您 { 汇报 / 联络 / 商量 } 一下××那件事，您现在有时间吗?

只要一开始加上了这句话，对方就能马上理解你的意思。

××那里可以是“关于把产品A出货给猫咪商事的事”，又或者是“关于制作名片的事”，等等。比起从一无所知的状态开始，不如一开始就用“关于××那件事”的方式点明主题，这样就不会让对方感觉到压力。

深思熟虑的我会对每一个词仔细斟酌。

另外，汇报和联络只需要对方“听”就可以了，而商量却需要对方在“听”的同时作出“判断”，它们给对方带去的压力是不一样的。

如果一开始就点明自己要做的是“汇报、联络、商量”中的哪个部分，那么，即使中途有说得不清楚的地方，上司也会帮忙补充。

标准化开场白的优点不仅体现在规范性的表达易于操作，还体现在能让沟通更为顺畅。请一定要试试看。

事先定好开场白

NG 例

“说起来，对方说不行。”

“田中先生，听说没问题。”

“出了故障，该怎么办才好呢？！”

“不知道为什么，今天我一打电话……，营业部长突然……”

OK 例

“我想向您汇报一下猫咪股份有限公司的事情，您现在有空吗？”

“我联系您是想谈一下bears企划那件事，您现在方便吗？”

“我想就one corporation那件事和您商量一下，您现在有时间吗？”

“关于营业部部长急着制作名片的事，我们商量一下。”

重点

好的开始等于成功了一半。

8-3

说话没有条理

请参照判决书来说话

法庭判词是绝对不允许出现歧义的众多表达中的一种。

“判决如下：考虑到被告的处境颇为艰难，特酌情予以减轻刑罚。昨天我想了很多，觉得5年刑期比较恰当。但是，嗯，那个……”

这到底是有罪还是无罪？如果有罪，那应该处以什么样的刑罚？估计这样的判词会让所有人困惑，听了只想说：“法官，请说快点好吗！”

判决分为主文（结论）和理由两个部分，法庭通常都是从结论开始宣判。

比如，“主文，判处被告人有期徒刑5年。理由，被告于2020年12月22日……”这段判词就是先简单明了地给出结论，之后再说明理由。

其实工作也是一样。

比如：从结论上来说，已经看到了削减成本的效果。也就是说，因为上个月复印机的复印量是1万张，这样的话打折之后，原本每张7日元的价格变成了每张5日元。

前面讲到了在用“标准化开场白”引出话题之后，接下来要注意的是“先讲结论”。

如果能像说口头禅一样重复这句：“从结论上来说……也就是说，因为……”那么，就能在下意识的情况下将想说的内容整理为“结论”和“理由”的形式，于是就能更简单易懂地表达出自己的意思。

从结论上来说

→ 顺利完成。
→ 取得了一些进展。
→ 得到对方的许可。
→ 被对方拒绝了。
→ 进展不顺利。
→ 已经做到……了。
→ 有点烦。
→ 我想和您商量一下有关××的事儿。
→ 想请你从中选出2个及以上的东西。

重点

把“从结论上来说”当作口头禅。

8-4

给人以消极的印象

把表达认同的词语“当成口头禅”

明明自己很认真，却给对方留下了消极的印象——你有过这样的经历吗?

比如，有人交给你一份很难完成的工作，并要求你在明天之内把它完成时，你果断回绝说:“不行，这个我做不了。”

在收到“麻烦做一下我们部门的成绩表”的委托时，你会问很多问题，比如:“哪一天要?”“你要的是什么样的成绩表?“数据做好后需要我发给大家吗?”等等。

不过如实作答、诚实提问而已。但那些回答和提问却会带给别人消极的印象，比如“这个人让我不太舒服”“这个人好凶”等。

这样真的是很吃亏。

因此我(@高梨健太郎)**一开始会选择像“是啊”“好啊”“是的，我知道了”等这种表示接受的词**。

“你能在这周之内把昨天所说的公司官方Youtube的事弄好吗?”

“好的，我知道了。我会加油的。不过也许得等到下周初才能弄好。”

哎呀，我又问了好多问题!

“我想招一个新人，那种能让我觉得‘一拍即合’的人，你那儿有合适的人选吗？”

“好啊，虽然现在我没想到合适的，不过我可以问一下人才中介公司的熟人。”

首先要肯定对方，然后如实告知对方自己没有什么好主意，与此同时，提议当下可以做的事情。

如果对方说的明显有问题，那当然要反对。但是，为了让对方知道你的态度——“我并不是要和你对立，我也想促成这件事”，请一开始一定要用表达认同的词语。

用表示认同的词语反驳对方

请在明天下班之前把这件事完成。 ➡
× 我觉得明天完不成。
○ 是啊。因为有一些需要确认的事项，后天可以吗？

这份企划书怎么样？ ➡
× 我觉得不太好。
○ 很不错啊。如果把这里改一下，感觉会更好。

我决定开始提供这项服务。 ➡
× 为什么？
○ 好的，我知道了。你能告诉我决定做这件事的契机吗？

重点

“是啊”“很不错啊”“好的，我知道了”。

还可以用“哦哦”“是的，是的”“嗯嗯”。

8-5

误解别人的意思

尽量不用“这个/那个/哪个”

日语将“这个”（近处）“那个”“哪个”这些指示语统称为“**这/那/哪词语”。这那哪词语的频繁使用很容易导致工作失误**。

比如，“上次我说的那件事，你帮我联系那个人了吗”？这句话听起来没有问题吧？

但是，你有没有注意到整句话连一个具体的信息都没有？听话人很可能会把它错误地理解成别的事情，结果联系了别的人。

“啊，是的。我已经和吉田商事的铃木先生约好下周一起去喝酒了。”

“笨蛋！我是要你联系田中Holmes的铃木先生，告诉他我们想改一下明天的访问时间的事！你现在赶紧给我联系！”

因为我（@高梨健太郎）会把这些事情写进步骤书里，所以就能在很大程度上避免这种失误发生。

比如说，我不会在笔记本或软件上写“要联系那个人办之前被托付的那件事”。

做笔记的时候一定要有意识地自我确认：“之前那个人要我做的是什么？”“那个人是谁？”**一定要把暧昧的表达转换成具体的信息**。

部长口中的“那个”才是最难解开的题目。

尽量不用“这个”“那个”“哪个”。

如果有人用了这些词，那一定要和他确认。

这样做能减少分歧、纠纷，以及误会。

换掉“这那哪词语”

这个拜托你啦！

↓

是确认资料吧。我知道了。

那个取消了哦。

↓

5月2日的会议取消了吧。

那个进展得怎么样了？

↓

是田中Holmes那个案子对吗？进展得很顺利。

你知道在哪里吗？

↓

各部门的资料都在共享文件夹里。

重点

可能你的“那个”和他的“那个”是不一样的。

8-6

无法拉近职场的距离感

汇报工作进展能拉近彼此的距离

虽然知道职场上的距离感不同于同学之间，以及老家朋友之间的距离感，但还是难以拿捏它的分寸。**如果在做好工作的基础上，还能笑着说一句“谢谢”**，那么你们之间的距离应该就是合格的。

不过，如果能做到坦诚相待，那么周围人会对你产生亲近感，于是彼此的距离就能大幅缩短。

在整个部门都参加的培训类讲座上，上司率先在我们这些部下面前坦承了自己的烦恼。上司的这一举动引起了我们的共鸣——原来上司也有和自己相同的烦恼。于是我觉得和上司的距离拉近了。

但是，在职场坦诚相见可不是一件容易的事。

因此，想推荐给大家的是，不妨先做一个小型的坦诚相见——**共享工作进展**。

现在在做什么工作？

打算怎么推进？

下一步打算做什么？

彼此就这些情况加深了解能让双方团结一致，愉快相处。

如果想和同事拉近距离，那就试着共享工作状况和进展吧。即使没做其他特别的事情，只要做了这一样就一定会有所不同。

这是一个会因适度的距离感和具体情况而发生变化的问题。

请试着共享以下内容

工作的进展情况

↓

“这次是我负责喵喵兴业的案子！”

商量工作上的麻烦

↓

“我想和您商量一下交货期的事情。”

麻烦解决后的汇报

↓

“交货期那件事，已经顺利解决了！”

介绍相关工作人员

↓

“要不要给您介绍一位喵喵兴业的营业员？”

重点

人都喜欢被分享消息。

8-7

不擅长聊天

把聊天的形式换成提问

我想应该有很多人都不擅长工作中的闲聊吧？它不仅漫无目的，还会给人必须一直聊下去的压力。

其实，这种“聊天”所需要的正是搞笑艺人特有的那种超高话术——察觉对方的喜好，并懂得随机应变地选择合适的话题一直聊下去。

而不擅长并不是因为它漫无目的、内容空洞，而是因为要掌握这门话术**实在太难**。

所以，从没有胜算的战斗中全身而退才是上策。

如果当下是必须聊天的氛围，那就**去请教对方**。

我（@高梨健太郎）经常会用“您有推荐的拉面店吗”这个问题来打开话题（可以把拉面店换成咖喱店或甜品店）。

采用提问这种形式可以克服以下两个问题，很容易就能聊起来。

- 因为对方会一直说下去，所以你无须为选择话题而烦恼。
- 一句“谢谢您告诉我”既能表达你的感谢之意，也能满足对方希望得到认同的需求。

常言道擅长讲话的人也是善于倾听的人。

如果觉得自己不善言辞，那么比起“自己说”，我更建议你去

“倾听”和“提问”。

可以这样来聊天

重点

最后，别忘了向对方说一声“谢谢”。

8-8

会议结束后不知该做什么

在会议的最后把工作分配好

很多人在会议结束后会继续开一个短会，为的是确认会议内容。

“饭冢，部长刚刚那句‘我要建一个新的招聘网站’，意思是部长亲自来做是吗？”

“不是吧，部长是看着你说的，应该是让你做吧。”

“啊？我吗？那要做的是什么啊？”

“应该是把做出来的东西加在公司的官网上吧？”

“天哪，这个必须交给网页设计公司才行啊！”

“哎呀……也不知道部长是怎么考虑的？”

（继续讨论中）

大多数会议都成了接收领导“圣谕”的场合，其他与会人员甚至连问题都不敢提。最终，大家不得不在会议结束后继续聚在一起揣摩“圣意”，不过也讨论不出什么结果来。

而我（@高梨健太郎）在会议结束前的5～10分钟的时候会说“**那我想最后确认一下大家的任务”，具体核实“做什么”“谁来做”“到什么时候截止”，然后在会议结束后分享给大家**。

工作上面本就没有人神之分。如果有不明白的地方，那就要确认清楚，不要犹豫。

重点

在会议结束前，要弄清楚“做什么”“谁来做”“到什么时候截止”。

嗯，会议敲定了哪些事情来着？

8-9

话太多

用“是”或“不是”作答

在回答上司问题或参与商谈时，我（@高梨健太郎）总是忍不住对所有情况做详细的解释说明，甚至包括它的周边信息。因为害怕对方沉默，我会一直滔滔不绝，以至于惹怒对方，被要求：“你先停下来，让我想一下好嘛！”……像这样的场景真是数不胜数。

原本是为对方着想而说的话，结果却总是被对方否定或者徒劳无功。但是，说话人并不会就此停下来，因为在他看来，这些话是有用的。

想起我以前换工作时的一件事。

当时我应聘250家公司都落选了。其中既有因书面材料落选的，也有面试却无缘的。现在想来，当时落选大多是因为我觉得这也必须写，那也必须说，表现得太过了。

之后在回答面试官的提问时，我都**采用“‘是’或‘不是’+理由”**的一句式结构作答。也正是在那个时候，我连续拿到了3家公司的录用通知。

如果需要补充说明，对方会向你提问。所以，即使你想再多说一点，也一定要忍住。请先试着只用“是”或“不是”+理由的方式作答。

重点

等到对方问起再开口。

8-10

不擅长求助于人

先取悦对方

每个职场都有这样一种人——深受众人喜欢，也善于求助于人。当他遇到问题时，大家都愿意帮他。

不擅长向别人求助的我（@福地翔太）非常羡慕这样的人。为了能效仿他们，我曾仔细观察过他们的一举一动。最终我总结出3个特点。

1. 常说“谢谢”

“谢谢”是他们的口头禅。他们注意细节，懂得及时言谢：“哇，是你帮我整理了公用书架吧？谢谢你！”他们不忘旧恩，即使对方早已忘却也还是会向对方道谢：“谢谢你在之前的会议上帮我说话。”

原来如此！人**在收到感谢时是开心的**。要比平时多说一些“谢谢”。我觉得自己能做到这些。

2. 不吝夸奖

被夸“福地翔太先生的文章写得真好”时的愉悦心情我依然记忆犹新。擅长向他人求助的人从不吝啬对别人的褒奖，即使当事人不在场，他们也会大加赞美：“××先生把资料整理得非常好。”

原来如此！人在**受到夸奖时是开心的**，要增加夸奖的次数。我觉得自己能做到这些。

3. 找别人帮忙时，要告诉对方“这件事我只想拜托你”

不擅长找他人帮忙，结果只好全都自己一个人来做。

“福地翔太先生您的文章写得太好了，想请您帮我写封意见书。”当听到别人这样对我说时，我真的没有办法拒绝……

“夸奖对方的同时让对方有一种‘**这件事我只想拜托给你**’**的特别感**”，这一招实在是太高明了，我决心一定要模仿起来。

擅长找别人帮忙的人常常把“感谢”和“夸奖”挂在嘴边，于是他身边的人也会乐于向他伸出援手。

可是话说回来，突然让你去夸奖或感谢一个人可不是一件容易的事，所以我会先观察我的同事和上司，并找出他们的优点。只要做好这一步，你就能心情愉悦地投入到工作中去。请务必尝试一下。

重点

第一步先找出身边人的优点。

8-11

不擅长接电话

首先要专注于“听”

不擅长接电话的人不知道接下来会是谁，会为了什么事情打电话过来。在这种毫无心理准备的情况下他们必须接起电话，所以他们才会特别害怕。

凭借5年多在呼叫中心不停接电话的经验，我（@福地翔太）找到了克服心理恐惧的方法——不管其他，只专注于“听”。

首先，接电话大致分为两步。

① 正确理解对方想说的话。
② 满足对方的要求。

接听电话时最重要的是①而不是②。

认真听清楚对方的意思，不要误解对方，并记下必要事项，只要做好这些就相当于完成了90%的工作。不要一开始就想着要百分百满足对方，因为这会让你跳过“认真听对方说话”这一步。

另外，为了能正确理解对方的意思，一定要问清楚下面这些信息。

- 对方的名字（全名）和公司名。
- 回拨时的电话号码。

● 对方要找的是谁（全名）？

请把这些信息总结在一张便签纸上，然后将它放在电话旁边。

只要问清楚上面那些就可以放心了，因为即使听错了也没关系，再打个电话过去确认就好了。最关键的就是要让自己拥有这种安全感。

之后只要认真地复述对方所说，了解清楚事情的来龙去脉就可以了。

至于“如何满足对方的要求”这个问题，请挂了电话后再去慢慢思考吧。

重点

打电话并不是聊天。

8-12

电话失误多

准备好剧本

忘了听、听错、敬语措辞错误等，这些都是接听电话时常常会犯的错。

而为了减少错误，“剧本”是我（@福地翔太）的必备物品。我会把剧本放在触手可及的位置，电话铃一响就马上把它拿出来。另外，还要准备好笔记本，或者把电脑打开，以便边接电话边做笔记。

剧本内容请参考下方表格。

如果接电话时出了错，那就**要及时修改剧本**。比方说，觉得自己说得不好，那就要修改剧本里的台词。

另外，请朗读台词，确认自己是否可以流畅地读出来。这也是一种简单的商谈练习。

在商务谈话中，敬语的使用是非常重要的。但是，即使你觉得自己不擅长使用敬语，也不必太过在意。在工作的过程中自然会学会那些重要的词句。而你的当务之急就是改正那些被人指出的错误。

比如像这样的剧本

台词	注意事项	记录栏
接起电话	要放慢语速！	
谢谢您的来电。 我是××股份有限公司××部门的××。		
××先生，多谢您一直以来对我们的关照。您说的是××那件事对吧？好的，我知道了，我马上帮您确认。麻烦告诉我您的全名可以吗？	必须是全名	姓名
谢谢您。 麻烦再告诉我一遍贵公司的名称好吗？	复述	公司名
给您回电时，拨打电话屏幕上显示的号码可以吗？	读出电话号码的最后四位	电话号码
谢谢您。 您要找的负责人是我们公司××部的××对吗？	不在自己公司的人名后面加先生/女士	负责人名
真是给您添麻烦了。		
关于××这件事……		事件
请问还需要什么帮助吗？		
好的。 我是××。 谢谢您的来电，再见！	等对方挂完电话再挂电话！	

重点

剧本会让电话应答越来越流利。

8-13

接到投诉电话时整个人都蒙掉了

静等对方情绪平复下来

拿起电话才发现是一通投诉电话……面对突如其来的责难，人是很难处之泰然的。

但是，这个时候一定不要胡思乱想，请用尽可能简单的策略予以应对。根据我（@福地翔太）的经验，最好的策略就是**在对方情绪平复之前，让他一直说下去**。仅此而已。

世上并没有能让一个怒不可遏的人迅速平复情绪的良方，你只能让对方把想说的话全部说出来。

即使你认为对方说得不对，也不要指出来。因为人只有在情绪平复后，才能听进去别人说的话。

记住**千万不要“反驳对方”和“逃避责任”**。

打断对方说话，或是“所以啊……”这样的表达方式只会火上浇油。应对投诉的当务之急就是让对方的情绪平复下来。所以，请先收起你想说的话，认真去聆听对方。

“我不是这项工作的负责人……”这种听起来像是在逃避责任的表达方式会带给投诉人，以及公司同事不好的印象，不妨将它换成“请容我先确认一下情况”。

面对投诉电话，只有当你自己做好了认真应对的心理准备，对方才能感受到你的诚意，于是对话才能顺利展开。

谁都害怕应对投诉，在应对过程中内心会倍受打击。意志消沉、工作效率下降都在所难免。所以，真是辛苦你了。请一定要好好地安抚自己。

应对投诉对话例示

给您添麻烦了/感谢您特意联系我/非常抱歉。

※公司一般都会有明文规定："尚未弄清楚谁对谁错时，不要随便道歉。"在这种情况下，这几句既没有承认错误，又能表达歉意的句子就很能派上用场。

我想先确认好情况再和您联系。不好意思，能给我一点时间吗？

我想在确认好情况后再给您解释。为了能查到更详细的情况，我能问您几个问题吗？

※这句话既能展示出认真应对的诚意，也能为调查收集信息赢得时间，还可以在受到问题攻击，不知如何作答的时候使用。

重点

没有没完没了的投诉电话。

福地翔太的失败谈

自卑

我所掌握的工作技巧大多是学生时代自卑心理下的产物，而那些姑且还算丰富的心理学知识也都源自那时候的失败体验。

当时，不知如何与异性相处让我特别自卑。

通常来说，人在遇到这种问题时首先应该做的是“增加接触异性的机会”。虽然这个过程会让你不好意思，但还是应该多去参加有同龄男女的社团活动，即使觉得丢人，也要拼命地与大家交流。

但是不知为何，我却选择了“学习心理分析”这条路。我认为自己之所以不能和别人（异性）很好地相处，是因为自己有某种心理阴影（希望自己真的有）。当时真的好中二啊！

和我同龄的人也在为这个问题烦恼，但是即便这样，他们还是会努力地去构建与他人的关系，而我却躲进图书馆读起了弗洛伊德和荣格，沉醉于“谁都无法理解真正的我……”这样一种虚无缥缈的情绪当中。

自那之后已经过去了10年，我终于有勇气承认“当时的自己只是在逃避人际交往而已”。为了弥补过去，我现在正在练习如何处理人际关系。

CHAPTER 9

第 9 章

内心脆弱

呜呜呜……
今天勇者的玻璃心又受伤了。 ▼

9-0

为什么内心容易受伤

你会不会因工作上的失败、未能如期所愿的结果、同事或上司不经意的一句话而倍受打击，并且会陷入焦虑：“为什么自己会因这样的事情而立马意志消沉呢……”“我不想给大家添麻烦，必须早点振作起来……”

那么，本章所介绍的工作技巧正是为敏感的你而准备的。

不过在考虑这个问题之前，你要明白一点：**情绪低落的时候应该想着“好好休息”**，而不是“早点恢复”。

在我（@福地翔太）看来，讨厌的事情带给我的痛感和烧伤时的痛感是相似的。烧伤后一阵阵的灼痛会分散人的注意力，让人无法集中精神，无法安然入眠。

遇到讨厌的事情时也是如此。心里的刺痛会让情感动摇，以至于无法专注于眼前的工作，无法酣然入睡。

无论是心灵上的痛还是肉体上的伤，要想治好它，需要的是清洁的环境、丰富的营养，最重要的是需要足够的时间。

希望你在遭受打击时首先能想到这句话——无论多么努力，**心灵的创伤是需要时间来治愈的**。

另外，还希望你能明白的一点是：烦恼没有大小之分。所以，我们无法将自己的烦恼与他人的烦恼进行比较。

这时你一定想问“**那么，为什么我会为一点小事而烦恼呢**”？**那是因为你把这件让你烦恼的事情看成了“一件小事”**。

也许到目前为止，你本人或是你看到别人总是被劝说：“别为那么点小事一直闷闷不乐。”

但是，无论你觉得这件事有多小，只要它扰乱了你的心绪，那么对你来说它就是一件值得你花上足够的时间去认真解决的事情。

人的内心和肌肉一样，只有增加负荷，肌肉才会茁壮成长。

不必背负“必须铸就钢铁般意志”的压力，只要能在情绪低落的时候相信“自己的内心正在成长”，并能拿出足够的时间让自己慢慢恢复就可以了。

9-1

总觉得身体不舒服

聆听身体的声音

在身体不适、情绪低落时，最好的做法就是让自己睡一个好觉。

但我的困惑是：我根本察觉不到自己累了。因为身体释放出的信号大多是一些细微的变化，越是专注便越难以察觉。比如说我所释放的信号是这样的：

- 特别馋冰激凌和果汁，觉得它们异常美味
- 眼睛充血
- 避开人多的车站，绕道去别的车站换车
- 聊天时反应变慢
- 放声大笑的次数增加
- 表情变得僵硬
- 舌根患口腔溃疡

虽然美味的冰激凌让我十分惬意，但是它于我而言却是一个“不能继续逞强”的危险信号。

为什么这么说呢？因为在吃完冰激凌松了一口气后，我的身体会筋疲力尽，并且强烈的睡意也会随之袭来。

能否接收到潜藏在日常生活里的小信号，直接关系到身体能否恢复，精神能否平复。

重点

列出一张“身体不适信号表”。

9-2

自以为办了件好事，结果却被对方否定了

在工作中要有“送礼物”的意识

“虽然不是自己的工作，但还是帮他做一下吧”——是的，你的出发点是好的，但是完事儿后，你心里会不会留下小疙瘩：“咦？怎么连一声谢谢都没有？”“我是不是多管闲事了？”

这证明在潜意识里你是期待着对方给你“回报”的。而那些让你不舒服的小疙瘩正是你“做得太多”的信号。但是，如果你能这么想“我的工作是这个和那个，除此以外都免费赠送”，那么那些小疙瘩就能减少很多。

以前，其他部门的同事在发展新业务时，我曾帮他办理过一些事务性的手续。但我从来没有想过让他感谢我。于我而言，那些帮他做的工作都是送给他的“礼物”。

要想帮助别人，就要结合自己的时间和工作的轻重缓急来统筹安排，**要在确保能够完成分内工作的前提下再去伸出援助之手**。毕竟它不过只是个“礼物”而已。

礼物意识会让你把一切视为“举手之劳”，于是**也就不会觊觎对方的“回报”了**。

重点

权当“举手之劳”。

9-3

一听到与自己有关的传言，就会情绪低落

不把“传言”放在心上

“××他是这样说你的”——你是不是会在意这些关于自己的传言？

如果传的是对自己的批评或警告，人们往往会特别在意：

“为什么他不直接对我说呢？”

“他应该还说了其他的吧？”

遇到这种情况的时候，我（@高梨健太郎）首先会正视自己的情绪：“没办法，我就是会在意。”然后我会这样来看待这个问题：

1. 不介意“这种间接的表达方式”

之所以传言会让你感到不适，在很大程度上是因为“对方没有直接告诉自己”。但是，请不要把关注点放在“是直接说，还是间接说”上。对方之所以没有直接对你说，可能是因为：

- 对方不想破坏你们之间的关系。
- 也许在对方看来，这并不是什么大事。
- 事情被传得夸张了。

批评和警告可能是出于嫉妒，也可能是因为对方对你寄予厚望。总之，请不要介意“被间接告知”这种表达方式。

直接告诉我不就好了。

2. 关注内容本身

如果你觉得对方的指正确实在理，那就请采取适当的措施予以改正，哪怕只改一点点也行。因为“正在改正”带给你的安心感可以让你有力量去对抗内心的不快。

要是你问我：“你是不是已经做得很好了？”我会如实告诉你，我依然还在修行中……

当然，如果传出来的都是诋毁你的话或是与事实相悖的内容，那一定要和造谣的人当面理论才行。

不过必须牢记2点：一是要强行克制自己的情绪是很难的。二是**我们无法改变过去和别人，能够改变的只有自己**。

如果间接地被说了

NG

“高桥，别人说你迟到次数很多哦。”

↓

“对不起……”

“啊！那他为什么不直接和我说？”

“他还说了其他的吧？”

OK

“高桥，别人说你迟到次数很多哦。”

↓

“对不起……”

“我最近确实起得晚，我得注意了！”

重点

毕竟只是传言。

9-4

别人挨骂时，自己也跟着难受

把别人挨骂当成运动题材的电视剧来看

有一种说法叫“叱责激励”。

但是，用词粗俗或是超出正常音量的“叱责”往往会带来不好的影响。

当同事被叱责时，自己的注意力也会下降。明明挨骂的不是自己，但心情也会跟着不痛快。

在遇到这种情况时，**最好的办法是戴上耳塞或者马上离开**。

但当下又怎么可能这么做呢。

所以，你不妨把它当成正在播放的运动题材的电视剧。

其实我（@高梨健太郎）的内心脆弱得像豆腐一样。

记得还是在10多年以前，每当前辈被部长骂，我就像自己被骂了一样，心情会变得特别低落。

可被骂的前辈却是安然若素。于是，我当时就想自己必须像钢铁般坚强才行。

但是，“应该让精神变得强大”这种想法是危险的。

“看到有人被骂”“听到有人被骂”

↓

“在意”“萎靡”

↓

“不可以这样”“必须坚强”

如果你这么想，**就会陷入自我否定的无限循环当中**，最终很可能会抑郁。

请正视自己如豆腐般脆弱的内心。

在现在的职场，叱责除了被视为权力骚扰，已经一无是处，因为叱责这个行为是错误的。如果有人在叱责他人，你就作为一个旁观者，感慨一下“这个演员的演技真的更上一层楼了”就好了！

如果有人被骂了

你就权当是在播放运动题材的电视剧。要尽可能让自己置身事外。

重点

要尽量客观地看待当下的情景。

9-5

当众被骂时，自尊心会受伤

请保护好你的自尊心

“虽然很丢脸，但我确实给别人添了麻烦……”你是不是已经像这样接受了当众被骂这件事？但是我希望大家能记住一点——当众发脾气这个行为本身就是错误的，所以**请保护好自己的自尊心**。

在我（@高梨健太郎）看来，当众发脾气的人的心理可以归纳为以下两种：

① “为本人着想”的正义感让他忘了顾及别人的目光。

② 做给别人看。基于为了控制当下的局面或是控制整个团队而杀鸡儆猴的潜在意识。

不管对方出于哪种心理，不妨先用下面我所介绍的“道歉+解决方案”的方式来应对当下的窘境。而这里的关键是，即使对方语气强硬也要不紧不慢地去说。

● 首先要道歉

“真的非常抱歉。”

● 告诉对方你的解决方案

“今后我会做好××的准备。”

如果是因为反复犯同样的错误而被骂，那么还可以加上一句：

“您之前已经提醒过我了，可我还是犯了同样的错误。实在是非

当众被骂会让人非常沮丧。

常抱歉。”

“因为若干突发状况的同时发生而忽略了您给的建议，实在是非常抱歉。”

也许对方在听完你的道歉后，心理会发生些许变化：“我是不是过分了？”

但是道歉并不意味着当众发脾气这个行为是对的。

如果**有需要改善的地方，那就请单独告诉他**。特别是为了做给别人看而发脾气（②）是根本不值一谈的。在条件允许的情况下，请采取适当的措施予以应对，譬如理直气壮地告诉对方“你不可以这样”，或者去找对方的上司谈，等等。请一定要记住，你有权这样做。

即使当众被骂了

当众被骂后会觉得特别丢脸或是自尊心受伤，这些都是正常现象，并不是因为你内心脆弱。

如果有人当众被骂，那么看到他被骂的周围人也会跟着难受。所以，即使是为对方好，也不要当众骂他。当众骂人的好处很少。

重点

情况严重的话可以向第三者求助。

9-6

因得不到预期的结果而痛苦

请练习表扬自己

只要在公司工作就必然会有工作评价。

当被问到“你有没有好好工作”这样的问题时，我（@高梨健太郎）心里会很不舒服，也不知道是不是只有我会这样？

如果无论怎么努力都无法达到公司所设的目标，那么你一定会失落对吧。即使你一直都在为获得好的评价而不懈努力着。

但是很遗憾，付出和收获并不是相等的。如果能从工资、职位等公司的价值观中抽离出来，**制定一套自己的评价标准**，那就能最大限度地避免失落。

说到底只要你努力了就可以了。如果没能达成目标，那就表示所设目标已超出了自己的能力范围，不妨果断放弃。

为了让自己有勇气放弃，我的建议是表扬自己，因为表扬能让你相信自己确实已经尽力了。

但是，**表扬自己这件事做起来却是出乎意料地难，是需要练习的**。所以，请用语言或文字将自己的努力表达出来。比如记录下：

“打招呼的时候比平时笑得更灿烂。”“从容地回答了上司的提问。”

记下这些小事也是可以的。

就是要一个劲儿地表扬自己，并把它们全都写出来。要是能把这些可视化的表扬保留下来就更好了。

虽然不能马上实现像“想买辆好车”“想住在位于市中心的塔楼里”这样的梦想，但是如果能养成表扬自己的习惯，那么至少能脱离公司的价值标准，认同真实的自己。

最终，也就能平心静气地过好每一天。

请试着表扬自己吧

请尽量多给予自己肯定，即使是一件小事也没关系。如果找不到自己优于别人的地方，那就不要去和别人比，而是与过去的自己做比较。

- 今天上班没有迟到。
- 比昨天多做成了一件买卖。
- 已经习惯了接电话。
- 可以笑着和不喜欢的人聊天了。
- 终于回复了一直没能回复的邮件。

重点

放心！你一定有值得表扬的地方。

9-7

受到了不公平对待

把它看成是“情况使然”

JR东日本[①]有一句家喻户晓的广告词：“这一切，要怪就都怪雪。”这句广告词其实也是在告诉我们应该如何在团队中工作。

比如在公司受到不公平对待时，就当对方是不得已而为之。虽然听起来像是一句漂亮话，但我（@高梨健太郎）很喜欢这个观点。

我有过一次被调到完全没有工作经验的岗位的经历。通常说来，我算是“被踢走的”。

在这种情况下，如果消极地认为“肯定是上司故意踢走我的”，那不过是**徒增自己的烦恼罢了**。上司是不是有意为之？**即使知道了真相对谁也都没有好处**。那么，不如就把它想成：上司可能是迫于公司高层的压力才作出了这样的决定，他夹在中间也非常为难。

并不是上司的错——这就是“这一切，要怪就都怪雪”的精神。

工作上总有一些事情是不便公之于众的。不管真相如何，只要把它看成是环境迫使当事人不得不这样做，也就容易想开些了。

重点

学习“这一切，要怪就都怪雪”的精神。

---

① JR东日本：一般指东日本旅客铁道。东日本旅客铁道，通称JR东日本（JR East），是以日本关东地方、东北地方为主要营运范围的铁路公司，是日本最大的客运铁路事业者。——编者注

9-8

苛责会让人备受打击

既要保持距离又要笑脸相待

你是否也曾因为对方的苛责而备受打击？即使对方说得很有道理，但过分严厉的语气还是会让听者焦虑不安。

我（@高梨健太郎）甚至会因为无言以对而更加情绪低落。

在遇到这种情况时，我的建议是**尽量不要再与这个人打交道**，如果实在难以避免，那就**尽量笑脸相待**。

最重要的就是在给对方留下好印象的同时，切忌与对方交心。因为**苛责方并不觉得自己做了什么过分的事**，所以说不定哪天又会被他劈头盖脸地说一顿。

而这么做的目的就是减轻你对对方的恐惧感。

可话又说回来，虽说要尽量与对方保持距离，但也要去找双方的共同话题，适度地与对方聊聊天。这能让你一点点地认识到对方的另一面，逐渐改变你对他的印象。

不过，如果对方明摆着是在骚扰你，那就不要想着自己去解决，而应该把事情上报给公司，向公司寻求适当的解决之道。

重点

只是为了让你不那么害怕对方。

如果他说话的语气能再温柔一点就好了（♡）。

9-9

受到排挤

去别处寻找自己的容身之地

受到排挤，我（@高梨健太郎）曾经也遇到过这个问题。

到目前为止我办过两次停职，而且两次都是一样的情况——只要工作进展得不顺利，我就会自责到无法去公司上班。

复职后，我去了另外一个部门。那段时间原部门的一些同事会**“回避我的目光”“对我的问候视而不见”**。

不过在我看来，自己擅自停职确实给周围的人带去了不少的麻烦，从某种意义上来说，我也是自作自受。

道理我都懂，但还是无比失落。

然而，我之所以在那种情况下还能继续工作，是因为当时我还有另外两个**容身之地**。

一个是**复职后所去的新部门**。

复职之后的我其实是非常忐忑的，因为本来我对公司就充满了愧疚，所以复职后一直都是战战兢兢的。不过，以部长为首的新部门所有的同事对我都特别好。

另一个是基于兴趣爱好而一直参加的**业余管弦乐团**。

在那里，我不再是某某公司的高梨健太郎，而是演奏单簧管的高梨健太郎。我可以抛开职务、性别以及年龄，轻轻松松地参与其中。

一旦有了别的“容身之地”，就不会那么在意眼前所发生的事了。

如果你隐约觉得自己最近受到了排挤，不妨试试这个方法。

有关第三空间的推荐

除了公司、家，建议你再为自己找一个第三空间（第三个容身之地），因为让自己觉得“我还有其他的朋友”“我有我的容身之地”是很重要的。

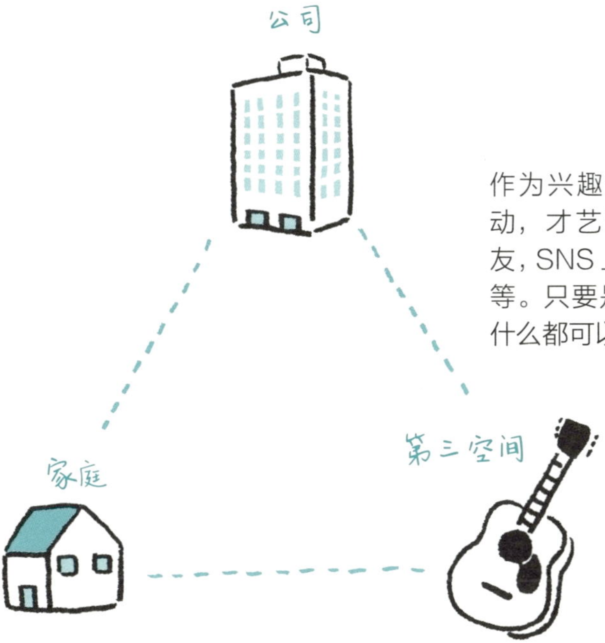

作为兴趣爱好的社团活动，才艺班，老家的朋友，SNS上的朋友，等等。只要是自己喜欢的，什么都可以

重点

如果没有容身之地，那就去找一个。

9-10

不想挨骂

提出“不挨骂”的交换条件

“请不要生气。”

这是我（@高梨健太郎）在现在这家公司的老板面试环节中说过的一句话。因为只要对方一生气，我就会思维停滞，大脑一片空白。所以，能否通过面试，关键在于能否在面试中不惹对方生气。

我因有“发育迟缓”的倾向被确诊为“注意力缺陷多动障碍”（ADHD）。

因为极度缺乏注意力，所以在工作中也常常会失败，以至于我会**对工作上的失误做出过度反应**。

我是以残疾人特招的方式被现在的公司聘用的。

残疾人特招是指公司有义务为残疾员工提供合理的照顾。也就是说，必须创造一个帮助他们克服残疾、便于工作的环境。

而面试时的那句“请不要生气”正是对社长的问题——“你希望公司如何照顾你？”——作出的回答。

另外我还说：“作为回报，我会认真地完成工作。如果有需要我改正的地方，希望你们能用提出建议的方式告诉我。”

虽然事情已经过去了好多年，但公司一直遵守着当时的约定。在

提出要求的同时，说出自己能做的事情，这会让对方更容易接受你的要求。

我用做步骤书的方法认真地把工作做好，同时作为交换，我也得到了自己梦寐以求的“不挨骂的工作环境”。

把要求和提议放在一起

提出让自己和对方都能接受的条件。

（要求）如果能再减少一点业务量就太好了。
（提议）我想减少失误的次数。

（要求）如果您想提醒我，请把我叫到别的房间去。
（提议）为了在今后的工作中引以为戒，我希望能专心致志地聆听您的教导。

（要求）您能逐个把工作教给我吗？
（提议）为了让自己能独立完成，我想做个笔记。

（要求）我尚且学艺不精，能让我把这些提醒逐个记下来吗？
（提议）我要分别制定出改善对策并予以实行。

（要求）您可以不这么强硬吗？您的语气很伤人。
（提议）因为我想冷静地听您说话……

重点

对自己对公司都有利。

9-11

一遇到问题就惶恐焦虑

通过念“太刺激了！”这句咒语，让一切恢复常态

当你在工作中遇到问题时，请试着说一句：“太刺激了！”

虽然只是短短的一句话，但是却会让你多少好受一些。是不是觉得我这么说特别不负责任？不不不，其实这样就刚刚好。

相反，如果把什么都藏在心里，反而会发生不好的事情。

因为如果你什么都不说，那么你的团队或部门就不会知道你所遇到的问题，更糟糕的是，不安和焦虑会让你把事情往坏的方面想，以至于情绪低落无心工作，最终你就会变成一颗随时都可能爆炸的定时炸弹。

这句“太刺激了！”是我（@高梨健太郎）前公司上司的口头禅。

这位上司是一个非常特立独行的人，当部下在工作中遇到麻烦，过来找他商量时，他首先会“呵呵”地笑一声。如果麻烦的严重程度超出了他的预想，他会说一句：“哎呀，这也太刺激了！”然后狂笑。

前上司成功地把这种态度和这句口头禅传给了我。这让遇事容易惊慌的我在真的遇到问题时能够做到**置身事外，冷静思考**。

“太刺激了”就是一句能让一切恢复常态的咒语。

高桥念了句："太刺激了！"

高桥平静了！

请找到能和你一起念"太刺激了！"这句咒语的身边人。这样不仅能更加冷静地应对问题，并且，如果多读几遍的话，你会变得更快乐。

"太刺激了！"可以这么用

当你遇到问题时，请试着大声念出，或在心里默念这句咒语。

截止日期迫在眉睫 ↓	交通瘫痪动弹不得 ↓
太刺激了！	太刺激了！
部门内部发生了纠纷 ↓	没有预算，得想别的办法 ↓
太刺激了！	太刺激了！

重点

正视当前的问题，但也别忘了幽默。

9-12

总是担心工作，不能安心休息

制定好步骤清单并把它放在公司，然后轻装回家

公司通常都实行8小时工作制，但我（@高梨健太郎）每天的工作时间岂止8个小时，根本就是24小时全天候工作。

即使出了公司，脑子里想的也全是工作上的事情，下班后的自己就好像是在为第二天上班做倒计时。

情况严重时我会变得极度不安，以致从早上起床开始到上班打卡为止我一直都处在提心吊胆的状态，根本没办法继续工作。

“手头的工作能顺利完成吗？”

“有没有忘掉的工作？”

如果**在这种不确定的状态下把工作带回家，那就根本无法从不安的情绪里解脱出来**。

因此，首先要做的是制定步骤书，尤其要做好以下两点。

步骤1：事先把应该做的事情写出来。

步骤2：明确先后顺序。

正如第1章里所说，步骤书的制定能让我们把握好整体的工作量，对工作作出相应的预测，于是也就能放心得多。

另外，把步骤书放在公司能让我们“从工作中解放出来”。虽然

这样做无法让不安消失殆尽，但至少能清空我们的大脑。

你还记得初高中期中、期末考试考完最后一场时的心情吗？请试着回想一下。

“不用再记考试范围啦！”

“从今天开始可以尽情参加社团活动啦！”

“要先和朋友们玩完再回家！”

就是那种被解放了的感觉。

其实，把所有的工作都写入步骤书后的那种轻松释然和这种感觉是类似的，而我几乎每天都是在这种轻松释然的状态下回家的。

让我们无拘无束地回家吧

“不仅做完了今天该做的事，又对明天该做的事情了然于心”——这样的状态能帮我们消除心中的不安。

重点

制定步骤书，将大脑清空。

9-13

在意别人的看法

请把精力放在完成工作上

在意别人看法的人会有特别多的顾虑，我（@高梨健太郎）就是这样的。

明明上司只是沉默而已，我会担心："是不是做了什么惹上司不高兴的事了？"

不过是打招呼的时候对方没有看我，我会琢磨："是不是做了让对方讨厌的事情了？"

同事的一句玩笑话："真是个废柴啊。"（笑）我会信以为真："原来在同事眼里我是这样子的啊……"

我总是会擅自猜忌，然后陷入失落当中。

不过，即使是这样的我，现在也能在一定程度上做到不看人脸色行事。

比如，刚刚因其他事情给上司添了麻烦，惹得他非常不高兴。但是，现在我要做的工作是把预算申请表递交给事务局，而在递交之前必须找上司盖章。

在这种时候，我们往往会因为刚刚给上司添了麻烦而难以开口，于是会在不知不觉中把工作往后推。

可如果拿不到上司的印章，工作就无法结束。

越是在这种时候，越要把精力放在如何完成工作上。

与其想着“不想再被骂”或是“不想惹人嫌”等，不如**重点考虑如何把工作完成**。

无论上司的眉毛皱成什么样子，申请表还是要交的。

现在自己该做的是：

- 不是讨好上司，而是要提交预算申请表。
- 找上司盖好章后马上提交申请书，总之就是要把工作完成。

只要你能这么想，自然就能得到想要的“结果=完成工作”。

“结果”积累得越多，自信心就会越强，于是也就**越不会那么在意别人的看法**。

而这里最重要的是要正视一点：“自己不可能变身为一个自信、完美的人。”请“把精力集中在完成工作上”，让自己慢慢地自信起来吧。

重点

明明自己没有变，但在不知不觉中，那些原本在意的事情却变得无所谓了。

福地翔太的失败谈

神秘感

大概从青春期开始，我一见到异性就会紧张。不敢和异性说话，也交不到女朋友，这个问题一直让我很自卑。因为不想被人知道自己没有女朋友，所以我一直很担心别人问我“你有女朋友吗”这样的问题。

为了避开这样的问题，我想到了一个好方法——“找到多个容身之地”。

比方说，我会给自己找大学、打工的地方等多个容身之地。我会在大学展现出一副“自己在打工的地方一切都好”的样子，而在打工的地方我又会表现出“自己在大学一切都好”。这样做会让大家觉得：“他这个人不爱说自己的隐私，挺神秘的。他的女朋友和朋友一定在别的地方！”

这个策略基本上可以说是成功的，自此之后也就没有人再问我关于人际关系方面的问题了。

但是有一点是我始料未及的——没有人会对一个与谁都保持距离的人感兴趣。因为我故意与周围的人保持了距离，最终，整个青春期别说交女朋友了，就连朋友都没交到几个……

顺便说一下，“找多个容身之地”这项技能不仅能让你与他人保持适当的距离，还能让你从一个地方的人际关系的束缚中解脱出来，这些优点对工作是有益的。于是我常常宽慰自己：看来我的青春还是换来了有用的东西的。

CHAPTER 10

第 10 章

不擅长做笔记、写邮件

明明是自己做的笔记……
却完全看不懂写的是什么，勇者愣在原地，束手无策。 ▼

10-0

为什么不擅长做笔记、写邮件

教人如何做笔记、写邮件的书籍遍地都是，那些高难度技巧就不在这里赘述了。这本书会为大家讲解一些为了消除对笔记和邮件的恐惧所需要掌握的知识。

10多年来，我（@福地翔太）一直坚持在推特上发送140字的推文。也正是得益于这份坚持，我的两个能力——言简意赅地“说出心中所想”的能力和“表达自己的心情”的能力——都得到了提高。

笔记的作用是“说出心中所想”，它的对象是未来的自己。但是，不能因为对象是自己就掉以轻心。明明是自己做的笔记，却看不懂写的是什么，又或者遗漏了关键之处……这些问题都是**对自己的记忆力过分自信的结果**。

做笔记时首先应该把绝对不允许听错的固有名词和数字（电话号码、金额、日期）记下来。至于其他内容，只要能把尚存于脑海里的单词写下来就足够了。

而对于做笔记而言，接下来的这一步才是至关重要的。**那就是迅速回顾，要赶在记忆消退之前把它们写出来**。

所以，做笔记有两个步骤：1.首先是能写多少写多少；2.趁热打铁赶紧回顾，并做出补充和整理。只要做好这两步，特别是第二步，做笔记的能力就会有很大进步。

而对于写邮件而言，“说出心中所想”的能力自不必说，因为对象不是自己而是别人，所以“表达自己的心情”的能力也是不可或缺的。

比如，“希望对方在某月某日之前作出结论”属于前者，“为紧凑的日程安排而深表歉意”则属于后者。

不擅长写邮件的人往往这两项能力都掌握得很不好。

所以，首先请牢牢掌握好“说出心中所想”这项能力。

而掌握“表达自己的心情”这项能力需要花费很多时间。从我应对投诉电话的工作经验来看，既要照顾到对方的情绪，又要把必须传达的事情传达清楚，这样的文章是非常难写的。

邮件的目的本就是正确且快速地与对方交流必要的信息。在一些“有些话难以开口却又不得不说”“对方正在生气”等“心情的表达”更为重要的场合，不如放弃邮件，选择面对面直接表达，这样效果应该会更好。

这一章将为大家介绍一些做笔记和写邮件的窍门。

10-1

不知该怎么做笔记

准备好笔记模板

需要做笔记的代表性场合是接电话的时候。如果你在接听时容易慌乱，不妨事先准备好笔记模板。我（@高梨健太郎）就会准备一个这样的模板：

- ×月×日
- ××先生/女士（外部）来电
- 致电××先生/女士（内部）
  1. 有人来电
  2. 请回拨电话
  3. 请确认邮件
  4. 转达留言
- 留言内容（如果有的话）
- ××点××分

你只需往××里填入关键词，然后在1～4里找到适合的并画上圈即可。不用好心地画蛇添足，这样更方便对方确认。

不仅仅是接听电话时的笔记，我们可以给每一类使用频率高的笔记都做一个模板。

比如接到任务时的笔记模板，而我的是这样的：

- 日期（什么时候接到的？）
- 目的（要做什么？）

- 委托人（谁交给你的？）
- 截止日期（到什么时候为止？）

不需要专用的格式，只要在纸片上快速写下这4个词就足够了。相反，如果把所有的信息都写下来，或者试图随机应变地写一些这4点以外的信息，那么很可能会因此遗漏最重要的信息，或是会给自己带来巨大的压力以致不敢回看那条笔记，那么这条笔记就无法派上用场。

做笔记要**事先筛选好必需的项目，并把多余的信息全都舍弃掉**。

只要事先定好所需记录的项目，就能毫不迷茫地目标明确地把精力集中在对方所说的内容上。

重点

不再妄图记下所有内容。

10-2

看不懂自己做的笔记

趁热打铁，赶紧把笔记誊写到合适的地方

明明是自己做的笔记，事后却看不懂写的是什么内容。如果你也有这样的困惑，那就请试试下面这个方法。

① 准备好笔记本或电子备忘录。

② 将其放在随手能拿到的地方。

③ 做完笔记后，马上把内容誊写到合适的地方。

即使排版很乱，即使字很丑，即使有写错的汉字也没关系。**潦草一点是完全没有问题的**。

而所谓的“合适的地方”是指笔记里的那些信息最终要去的地方。比方说：

- 为了写邮件而做的笔记→将其写入邮件正文里。
- 为了做资料而做的笔记→扫描后放入资料文件夹里。
- 为调整日程而做的笔记→输入日历。

你要知道，即便是自己亲手写下的笔记，时间一长也会看不懂它的意思。在匆匆把关键词等记下来之后，一定要趁热打铁，尽快把它写到邮件或文件里去，这一点非常重要。

经常忘了记下关键内容，以至于所做的笔记派不上用场。

做笔记的地方不过只是一个临时存放处，并不是可以用于长期保管的仓库。

我（@高梨健太郎）会把记事本放在电脑键盘和自己之间。做完笔记我就会尽快将它写成邮件，或是将它扫描成PDF，然后将其存入相关文件夹里，这样一来，信息就不会只留在笔记本上了。

笔记变得意思不明并不表示自己不会做笔记。只要能在“做”法上下点功夫，就能做出派得上用场的笔记。

最好早点把下面这些内容誊写到别的地方

数字	日期、时间、金额、人数、个数等
地点	集合地点、举办地点等
会议纪要	会议上决定好的事情、责任分配等
有参考价值的话 印象深刻的话	如果把说话时的场景等也写下来的话 那么就能作为画面定格在记忆里
创意	特别是小小的灵感，一眨眼就会忘掉

重点

笔记的处理一定要趁热打铁

10-3

来不及做笔记

毫不客气地重新问一下“结论”“理由”“事例”

要记下语速快的人的发言是一件很难的事情。当然，通晓速记法的人另当别论，不过那样的人应该不多。

在工作交流中，**说话方有责任把话说得通俗易懂，而听话方则有责任让自己理解对方所说。二者的地位是平等的**。

比方说，当说话方是一位已经工作20年的资深员工，而听话方是一位新人的时候，一方面，作为说话方（资深员工）有责任用通俗易懂的方式去说，即使要说的内容很难。另一方面，作为听话方的新人则有责任告诉对方“我不太明白，希望您再说简单点”。

如果不说出来，说话方便意识不到对方理解不了自己所说的话。

话虽这么说，但是我也知道，做笔记的时候是很难去告诉对方自己没听懂的。因此，我（@高梨健太郎）会使用“套路式（固定式）提问”。

所谓的套路有以下3种：

- 结论
- 理由
- 事例

在来不及做笔记的时候，我会用这样的方式重新问一下：

“不好意思，您能再说一遍结论吗？”

“能再告诉我一下理由吗？”

“比如说会出现哪些情况呢？”

也许你会有所顾忌，“重问会让对方觉得麻烦吧”……于是你不敢重问。

但是可别忘了，对方是有责任把话说得通俗易懂的，这么一想，我就没有什么好顾忌的了。

不过重问时有一个很重要的地方是必须要注意的。

那就是，**最后一定要满怀敬意和感激**，向对方道一声“谢谢”。这样做会让彼此都舒服。

当对方说话速度太快，你来不及做笔记的时候，请告诉对方：“能请您稍微慢一点吗？”

重点

听话方也有告知责任。

10-4

很难边接电话边做笔记

请学会“不好意思”这句咒语吧

我（@高梨健太郎）很不擅长接听电话，也很不擅长在接听电话的同时做笔记。当对方在电话那头滔滔不绝时，我是没办法一边“听对方说话”，一边“做笔记”的。

可是我所在的管理部门的总机总有各种各样的电话打进来：

“能请您考虑一下我们公司的产品吗？”
“因为不知道负责人是谁，所以只好打总机了。”
“你马上给我转告社长！”

这些无法预料的电话接二连三地打进来，让我变得越发害怕接电话。

不过我发现只要做到以下两点，就能保持一定程度的冷静去做笔记。

① 毫不犹豫地反问。
② 不明白的时候，要么先放一放，要么问清楚后再给对方打过去。

另外，我还找到了一条让我们做到这两点的咒语，那就是**“实在不好意思”**。

电话 + 笔记 = 做不到。

“实在不好意思，我可以再请教一下贵公司的名称吗？”

“实在不好意思，我确认一下，请稍等。”

“实在不好意思”这句咒语的魔力就是**能让谈话流程暂停**。

当人们想让谈话暂时停下来却又**找不到合适的说法时**，往往会对着电话不知所措，以致大脑一片空白。

但是，这时的一句“实在不好意思”却能让人恢复平静，并能大幅减少对接电话和做笔记的恐惧感。请一定要试试看。

实在不好意思

→ 麻烦再告诉我一遍您的姓名好吗?

→ 麻烦再告诉我一遍您公司的名称好吗?

→ 我想请问一下负责人的名字。

→ 我准备一下纸笔，请稍等。

→ 声音有点小。您能把听筒拿近一点吗?

→ 能请您说慢一点吗?

→ 能请您给我回个电话吗?

→ 能请您帮忙转达一下吗?

重点

念出咒语，掌控谈话流程

10-5

邮件迟迟发送不出去

分为“写”“编辑”“发送”三部曲

有些邮件总是迟迟发送不出去，比如纠错或道歉的邮件，向可怕的上司请教的日常邮件。

“早晚都得发，早发早解脱”——道理虽然明白，但手却总是情不自禁地停下来。遇到这种情况时，不妨将发送邮件分成“1写、2编辑、3发送”三个步骤，这样操作难度就大幅降低了。

1. 写

首先，请开始着手写邮件吧。**不是“发送”，只是“写”**。

请告诉自己：先不考虑“发送”，只为了厘清自己的心情和想法而写。顺序是这样的：

- 写开头的问候语
- 写最后的结束语
- 简明扼要地分条写出想说的内容
- 保存到草稿箱里

这一步最重要的是，要让自己从“必须发送”的压力中解放出来。

2. 编辑

接下来是编辑工作，还不用发送。告诉自己这一步是为了整理句式，所以请浏览整篇文章。顺序是这样的：

- 将分条写好的句子编辑成文章
- 修改难懂的地方
- 修改助词

只要抱着“写不下去就再将它保存到草稿箱”的心态就会轻松很多。

3. 发送

终于要发送了。眼前的文章基本算是完成了。

这时请抱着“最后只需按下发送键就可以了”的心情进行最终确认。顺序是这样的：

- 确认收件人的邮件地址
- 确认对方的公司名、姓名
- 确认附件是否已经添加

做完这些你是不是觉得可以发送了？我们就是要利用“既然着手做了，那就干脆做完”的心理，果断地按下发送键。

如果一开始只想着“必须发送邮件”，就会满脑子都是对方发脾气的样子，于是就会不由得想要逃避。但是，如果把事情分成多个步骤，并为每一步设定好不同的目标，那么，即使是很难处理的邮件，你也能通过这几次“先做好这一步再说”的连续操作而将它完成。最终，你便能顺利发送出邮件。

重点

“写邮件”和“发送邮件”是两件事。

10-6

被对方指出邮件不知所云

姑且先把内容分条写出来

说到通俗易懂的商务邮件的写法，我强烈推荐“分条写”。

我（@高梨健太郎）在写邮件时总会尽量选择分条写。

比方说，在写一封内容为“我想从A商会、B商店、C商社中的B商店采购材料”的咨询邮件。

● 通常的写法

关于材料采购的事，A商会的报价是1个12000日元，B商店原本报出的单价是15000日元，好像在我公司龟井的交涉下，对方愿意把单价降至9000日元，不过条件是必须一次采购100个以上。另外，C商社最初的报价是10000日元，讨价还价后降到了9500日元。然后我查了一下过去的购买记录，发现我们每次的采购量从来没有低于100个。综合考虑下来，我认为从B商店进货比较好。您觉得怎么样？

啊！真是看得让人想睡觉。

接下来是将同样的内容用分条写的方式写出来的文章。

● 分条写

关于材料采购的事，经过对1 ~ 3的单价比较，我觉得2比较划算，不知您意下如何？

1. A商会　12000日元

2. B商店　9000日元（原价15000日元）

※必须每次采购100个以上。到目前为止的实际采购量每次均超过100个。

3. C商社　9500日元（原价10000日元）

这样是不是一目了然？分条写不仅方便对方理解，而且**在书写过程中还能让自己的思绪得到整理**。作为一个于人于己都有益的写作方法，真心非常推荐。

只是多用了点心思就能收到如此高的评价，真是太高兴了。

重点

分条写也能加深自己的理解。

10-7

收不到邮件回复

请参考“牛肉还是鸡肉”

“邮件发出去了，却一直没有收到回复”——这样的事情你遇到过吗？其实只要改变邮件的写法，邮件回复率自然就会提高。

提问分为“开放式提问”和“封闭式提问”两大类别。

开放式的是让对方自由作答，而封闭式是给对方提供选择项，让对方从中选择。

坐飞机时空姐会问你：“牛肉还是鸡肉？”是选牛肉，还是选鸡肉？问题真的简单明了。为了为乘客提供舒适的服务，航空公司选择了封闭式提问。

因为封闭式提问不会浪费对方的时间。

相反，如果换成开放式提问——“您飞机餐想吃什么？”那会怎么样呢？也许会因为被赋予了自由选择的权利而高兴，但是，却又会因为不知如何作答而陷入迷茫纠结之中。

如果在邮件中使用开放式提问，收件人往往会因为对方不在身边没有紧迫感而选择“待会儿再好好考虑一下”。这就是收不到回复的原因之一。

所以，请在邮件中使用能让对方觉得“这个我马上可以回复”的封闭式提问。

一直都没有收到回复呢。

只要能给人一种“××的邮件很容易回复”的印象，那么工作开展起来就会越来越顺利。

请用封闭式提问的方式发邮件吧

越是容易回复的邮件，它的回复率就会越高。发邮件时，请用只需对方回答“是/不是”“从中选择即可”的方式提问，或者“明确告诉对方哪些必须回答”。

您觉得怎么样?	→	我想这样做，您觉得怎么样?
您有什么好方法吗?	→	您觉得以下方法哪一个更好呢? 1.按先后顺序 2.抽签 3.如果有其他好方法，还请告知
您哪天有空? 我们一起开个会吧?	→	您这三天哪天方便? 我们一起开个会吧。 7月29日（星期三） 7月30日（星期四） 7月31日（星期五）
我想听听您对这次活动的意见。	→	关于这次活动，您认为哪些做得好，哪些做得不好?

重点

尽可能减轻对方回邮件的负担。

10-8

发出的邮件没人看

用邮件标题来预告邮件内容

越是忙碌或职位高的人，不看邮件的可能性就越大。纷至沓来的邮件让他们根本没时间逐个点开查看。

因此，必须将邮件写得让人有想要打开看的冲动。收件箱里有大量未读邮件的人是没有工夫一一查看邮件的，他们中的绝大多数人都是**通过标题来判断该邮件是否值得一看**。

于是，我（@高梨健太郎）便把标题当作内容预告来写。

也就是说，考虑到对方收到邮件时只能看到邮件的标题，于是**我会在标题最前面用黑括号直截了当地标明是否需要对方回应**。比如像这样：

【商量】关于给虎牌兴业的报价单金额

【致谢：无需回复】Re：关于ISO内部检查的通知

【汇报】2月份的实际签约数

如果是咨询类邮件，那就必须回复。如果是致谢类邮件，是我表达谢意，不需要回复。如果只是单纯的汇报类邮件，那就把“看或不看”交给对方决定就好了。

这样做相当于替那些没时间看邮件的人**对邮件进行了分类**，告诉他“这封邮件只要收到就好了”“这封邮件需要仔细看看”。

只要坚持这么做，就一定能赢得对方的信任：“（你的）邮件读起来不费劲儿，我先看这个吧。”于是，你希望对方看的邮件就不那么容易被忽略掉了。

以下内容特殊设计

值得一读的邮件标题示范

关于××那件事	→	【商量】关于报价单的事
	→	【请于5月15日之前回复】关于铃木先生投诉事件的处理
	→	【重发】关于铃木先生投诉事件的处理
发送	→	【汇报】关于5月15日所办的活动的收支状况
	→	【通知】关于支付日期的变更
	→	【无需回复】5月5日所办的活动的详细情况
请确认	→	【需要回复】决定展会当天的发放物品
	→	【信息共享】5月份的中午值班表
	→	【联系】下周早会取消

重点

请选择对方感兴趣的邮件标题

10-9

注意不到邮件里的错字、漏字

撒手锏："标顿号阅读""复制粘贴""请别人检查"

谁都有写错邮件的时候，我（@高梨健太郎）就犯过很多这样的错误。

因此，我在这里向大家介绍3个根据我多年的经验所总结的对策。

1. 标顿号阅读

为什么反复看了好几遍仍然有错的地方？那是因为你以为的"看"不过是向前移动视线罢了。

而我要介绍的方法是先将邮件正文打印出来，然后一边在每个单词和句节后面标注顿号一边往下读。只要像"这里读完了""这里也读完了"这样，给文章标注上顿号，就能大幅降低漏看的概率。另外，之所以要将它打印出来，是因为这样更方便标注顿号。

而且不可思议的是，在打印出来后，那些原本在电脑屏幕上没能被发现的错字、漏字都变得清晰可见了。就冲这一点我也推荐打印出来再确认。

2. 尽量复制粘贴

如果需要引用资料，那么我会尽量将其复制粘贴过来。

即使打字更快，我也会克制住自己摩拳擦掌的心情，坚决选择复制粘贴。特别是绝对不能弄错的公司名、人名、金额、日期、日程等，请尽量复制粘贴。

3. 请别人检查

请上司或同事等帮忙看一下——这也是一个很有效的办法。他人的介入不仅能让邮件内容更为正确，更重要的是，还能减轻自己的压力。

通过标顿号阅读来实现零错字、零漏字

先把邮件打印出来，然后一边在每个单词和句节后面标注顿号一边往下读，这样便能找到错字和漏字。

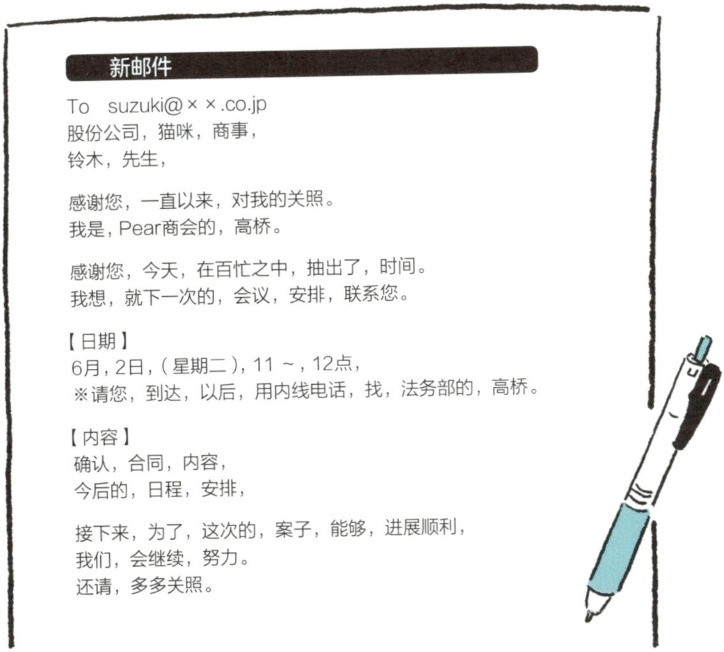
新邮件

To　suzuki@××.co.jp

股份公司，猫咪，商事，

铃木，先生，

感谢您，一直以来，对我的关照。

我是，Pear商会的，高桥。

感谢您，今天，在百忙之中，抽出了，时间。

我想，就下一次的，会议，安排，联系您。

【日期】

6月，2日，（星期二），11 ~，12点，

※请您，到达，以后，用内线电话，找，法务部的，高桥。

【内容】

确认，合同，内容，

今后的，日程，安排，

接下来，为了，这次的，案子，能够，进展顺利，

我们，会继续，努力。

还请，多多关照。

重点

欢迎来到没有错误的世界。

10-10

需要花很多时间来写邮件

约好彼此都去掉礼貌问候语

在邮件的开头处和结尾处写上礼貌问候语被视为一种商务邮件的礼仪。但是，我觉得这完全是一个可以去掉的习惯，于是我给自己定下一个规矩：凡是部门内部的邮件，通通不加“礼貌问候语”。

说到邮件的礼貌问候语，最典型的就是这个：

株式会社××
法人营业部部长
××先生/女士

承蒙您的关照。
我是××股份公司管理部的高梨健太郎。

还有文末的这句话：
以上，还请多多关照。

估计大部分人都有这样一种心理：虽然心里觉得不需要，但为了不失礼节只好把它们写进邮件里。

谁都不希望自己看起来很没礼貌。于是，无论过了多久，大家依然在做着无用的忖度。所以，建议大家彼此互相约定“我们都去掉这些问候语吧”。

真想把邮件文化给废除。

实际上，去掉问候语不仅可以节省打字时间，还能**提高发邮件的速度**。

因为这样做既能让我们不再为“别冒犯对方……”而伤脑筋，又能拉近自己与对方的距离，从而降低发邮件的难度。

说得极端点，即使邮件里只有“了解”这两个字也是可以的。

其实这就是一种与LINE[①]类似的聊天方式。

因为现在还有很多不允许用聊天软件的公司，所以不妨试着用聊天的形式来发邮件。

不可思议的是，如果平时能尽量将邮件写得短小精练，那么，对方发来的邮件也会变得简练起来，最终彼此都能减少花在写邮件上的时间。建议大家彼此互相约定“我们都去掉这些问候语吧”。

重点

是否有可以去掉的内容？

① LINE 是韩国互联网集团 NHN 的日本子公司 NHN Japan 推出的一款即时通信软件。2011 年 6 月正式推向市场，全球注册用户超过 4 亿。——编者注

后记一

高梨健太郎

以前的我总认为能干与自己是不相干的，因为能干只属于天生优秀的人。尤其像我这种连工作要领都掌握不好的ADHD患者（多动症），能干更是无从谈起。

当然，有些人一开始就能把工作做得井井有条。遇到这样的人时，最简单的做法莫过于自叹一句“天资不同”。

但是自己又会有几分不甘心：“自己”和“那些优秀的人”之间到底差了什么呢？

原来，“工作要领”的本质不是“天赋”，而是“诀窍”，只要练习就能掌握。并且，就连我这个ADHD患者都能“做出”工作要领。

所以，我相信，即使“漏洞百出”“会习惯性地拖延”“不擅长兼做多项任务”，只要掌握好诀窍，那么至少能和“那些优秀的人”站在同一起跑线上。

书中介绍的步骤清单是一个需要花时间去做的东西。但是，如果能以此换来安心从容的工作状态，那么花点时间也未尝不可。

为了尽量减少麻烦，尽量让大家工作起来更为轻松，我们在互联网上为大家免费提供快捷好用的任务管理工具“task pedia”。它以第

1章的内容为基础，并具备更为便捷的功能。请扫描下方二维码直接使用。

- 任务管理工具

【task pedia】

用步骤清单进行任务管理简直就是极大地拯救了我，让我在精神上和时间上都轻松不少。为了帮助残疾人就业，我开始教他们如何进行任务管理，这既是对改变我人生的任务管理的一种报恩，也是公司业务的一部分。

我所在的公司允许我搞副业，也同意我将个人所从事的活动带到工作中去。多亏了公司的理解，以及有效的任务管理，我的工作方式和人生观都发生了很大变化。

您会拿起这本书也算是我们的一种缘分。请“练习”并“掌握”书中介绍的内容，让它们成为身体的一部分。我要再强调一遍，工作要领是能通过任务管理来掌握的。希望你能在能力范围内冷静地把工作做完，让生活过得更加充实。

后记二

福地翔太

随着写作一点点接近尾声，我才意识到这不仅是一本介绍工作技巧的书，更是一本“为学习工作技巧做准备的书”。

书里有大量能为所有工作打好基础的观点和启发，即使您今后从事更为专业更为复杂的工作，它们也一定能帮到你。

在阅读了各种各样的商务类书籍后，我发现市面上鲜有涉及这方面内容的书籍，于是才决定写下这本书。

感谢您对我们讲到的各种工作技巧以及任务管理方法感兴趣，最后请允许我通过本书为您介绍一些我正在从事的活动。

如果您对更专业的任务管理感兴趣，请试着挑战一下“TaskChute Cloud”。这是本公司代表jMatsuzaki为了将任务管理界名人大桥悦夫所设计的“taskchute时间术”放在电脑和智能手机上操作而开发的任务管理工具。

这个工具我已经用了5年多，一直以分为单位持续记录着自己的24个小时。特别推荐给想要好好执行任务管理的人，包括休息日和私人时间。

- TaskChute Cloud

在第9章我们讲到了除职场和家庭以外的另一个“容身之地”——第三空间。其实我还和多名成员一起运营着一个在线社区“生活引擎”。如果你想找同事以外的人商量工作，或者想把自己喜欢的事或擅长的事当成自己的工作，不妨来我的在线社区看一看。

- 生活引擎

如果你想进一步学习各种工作方法或生活方式，请一定要来我们公司运营的YouTube频道看一看。

- YouTube频道

非常感谢您的阅读。我们会为创造更好的工作方法而继续努力，但是，我们也希望有一天，你能加入我们，与我们一起并肩奋斗。

九宫格写作法

如何写出一篇好文章

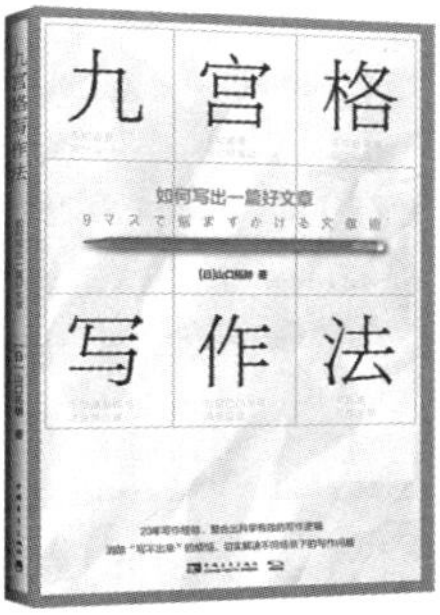

ISBN：9787515361819
著　者：〔日〕山口拓朗
出版社：中国青年出版社
定　价：45.00元

- “写文章”不只是出于专业需要、学术需要，它已成为个人发展和日常交际必备的底层技能，大到策划案、小到外卖评价，都需要收集、整理素材，输出内容。本书提供的正是对这一技能的有效训练。
- 本书给出了简单、易操作且经实践有效的写作方法，九宫格就像充满趣味的填字游戏，激发人们“看到空格就想填满”的本能天性，帮助人们以简单的框架梳理繁杂的信息，应对各个场景下的写作需求。
- 作者山口拓朗是亚洲知名的商业撰稿人、畅销书作者，致力于实用类写作技能的研究和培训，聚焦生活场景中的应用文写作，并针对自媒体时代社交平台的特性分享了独到的写作方法。

写文章是你的痛点吗?

本书以独特的“九宫格”为框架，启发读者直面自己的观点和感受，收集素材、推敲文笔、巧用模板，逻辑清晰地将已知信息有效输出。

作者用积累了20余年的写作经验整合出一套科学有效的写作逻辑，为你消除“写不出来”的烦恼，用极简的方法提升个人极为重要的底层技能。

也许你是整日与邮件打交道的白领，也许你是急需优质文案的策划人，也许你只是想好好发个朋友圈的普通人……本书就是为你量身打造的“写作秘籍”，从此轻松应对日常场景下的写作需求。

现在，填满“九宫格”，升级你的写作技能!

如何写出一篇好文章

不动笔就能学会写文章的训练法

★ 写文章并不是作家的专权！

★ 生活中随时会需要写点东西，有的是长文，有的是短文，从邮件、文案到报告、调查，无所不包。

★ 这本书的神奇之处就在于，告诉我们一个写作的真谛：不动笔就能学会写文章。更重要的是，这一真谛可以通过训练来掌握。

ISBN：9787515356006

著　者：[日] 山口拓朗

出版社：中国青年出版社

定　价：49.00元

如何写出一篇好文章？

一篇文章的好坏，九成取决于动笔之前。

即便不是作家，或文字工作者，相信每个人都有枯坐在桌前，面对空白的Word文档苦苦思索的经验。

不管是Email、广告文案还是企划书，“写不出来”“不知该如何开始”“写的东西没办法说服人”……永远都是职场菜鸟、写作小白的噩梦。

本书并非专门写给“写手”——职业作家或记者看的，而是写给普通人的写作书。本书作者在成为日本写作高手之前，文章被批评为无趣、不具说服力、没有观点……差点失去了成为职业写作者的信心。通过不断思考何谓“好看的文章”，终于将“随便写写”上升到“写之前先准备”“思考过后再写”“写时思路清晰”……下笔必成的状态。

模板写作法

世界上最简单的写作课

亚洲知名商业撰稿人　畅销书作家

1972年生于日本鹿儿岛县，成长于神奈川县。曾在出版社担任编辑和记者，之后成为自由作家，20余年间采访超过3000人。

ISBN：9787515363394

著　者：（日）山口拓朗

出版社：中国青年出版社

定　价：49.00元

★ 日本写作大师山口拓朗20多年写作心法集成！

★ 写作极简速成法：将写作放到模板中，懒人也能写出好文章！

★ 勘破写作的秘密："列举型""故事型""结论优先型"三种有效且通俗流畅的写作模板，以及在三种基础模板的基础上组合得出的若干种"组合型"模板！

这是一本懒人必备的模板写作指导书。

"写点什么"是当代人无法摆脱的一大难题。

那么，写作难道没有章法可循？答案当然是"有"。

尤其对于实用文而言，写作的基本要求就是高效且清晰，对此模板便提供了有效的章法。日本著名的写作大师、畅销书作者山口拓朗基于20余年的写作经验，总结出了列举型、故事型、结论优先型三种基础的写作模板，并提供了基础之上的多种进阶组合模板，以实践有效的方法为你找到一条实现写作自由的"捷径"。